ASTRONOMICAL PHENOMENA

FOR THE YEAR

2022

Prepared Jointly by
The Nautical Almanac Office
United States Naval Observatory

and

Her Majesty's Nautical Almanac Office
United Kingdom Hydrographic Office

WASHINGTON
U.S. Government Publishing Office

2019

ASTRONOMICAL PHENOMENA

FOR THE YEAR 2022

CONTENTS

	Page
Phenomena: Seasons, Moon Phases, Eclipses … … … … … … … … … … …	4
Occultations, Perigee and Apogee of the Moon … … … … … … …	5
Geocentric and Heliocentric Planetary Phenomena … … … … … …	6
Visibility of the Planets … … … … … … … … … … … … …	7, 8
Times of Meridian Passages of the Planets … … … … … … …	9
Elongations and Magnitudes of the Planets … … … … … … …	10
Diary of Configurations of the Sun, Moon and Planets … … … …	12
Perihelion Passages of Comets … … … … … … … … … …	14
Chronological Cycles and Eras; Religious and Civil Holidays … … … … … …	15
Gregorian Calendar and Julian Day Numbers … … … … … … … … … …	16
Mean Sidereal Time … … … … … … … … … … … … … … … …	17
Sun: Equation of Time and Declination … … … … … … … … … … …	18
Circumpolar Stars: Positions of *Polaris* and σ Octantis … … … … … …	20
International Time Zones … … … … … … … … … … … … … … …	22
Explanation of Rising and Setting Tables … … … … … … … … … …	23
Sunrise and Sunset Tables … … … … … … … … … … … … … …	24
Moonrise and Moonset Tables … … … … … … … … … … … … …	32
Eclipses … … … … … … … … … … … … … … … … … … …	64
Related Publications … … … … … … … … … … … … … … …	76
Web Links … … … … … … … … … … … … … … … … … …	78

The astronomical data in this booklet are expressed in the scale of universal time (UT); this is also known as Greenwich mean time (GMT) and is the standard time of the Greenwich meridian (0° of longitude). A time in UT may be converted to local mean time by the addition of east longitude (or subtraction of west longitude), where the longitude of the place is expressed in time-measure at the rate of 1 hour for every 15°. The differences between standard times and UT are indicated in the chart on page 22; local clock times may, however, differ from these standard times, especially in summer when clocks are often advanced by 1 hour.

PRINCIPAL PHENOMENA OF SUN AND MOON, 2022

THE SUN

		d h			d h m			d h m
Perigee	... Jan.	4 07	Equinoxes	... Mar.	20 15 33 ...	... Sept.	23 01 04
Apogee	... July	4 07	Solstices	... June	21 09 14 ...	... Dec.	21 21 48

PHASES OF THE MOON

Lunation	New Moon			First Quarter			Full Moon			Last Quarter		
		d	h m		d	h m		d	h m		d	h m
1225	Jan.	2	18 33	Jan.	9	18 11	Jan.	17	23 48	Jan.	25	13 41
1226	Feb.	1	05 46	Feb.	8	13 50	Feb.	16	16 56	Feb.	23	22 32
1227	Mar.	2	17 35	Mar.	10	10 45	Mar.	18	07 18	Mar.	25	05 37
1228	Apr.	1	06 24	Apr.	9	06 48	Apr.	16	18 55	Apr.	23	11 56
1229	Apr.	30	20 28	May	9	00 21	May	16	04 14	May	22	18 43
1230	May	30	11 30	June	7	14 48	June	14	11 52	June	21	03 11
1231	June	29	02 52	July	7	02 14	July	13	18 38	July	20	14 19
1232	July	28	17 55	Aug.	5	11 07	Aug.	12	01 36	Aug.	19	04 36
1233	Aug.	27	08 17	Sept.	3	18 08	Sept.	10	09 59	Sept.	17	21 52
1234	Sept.	25	21 55	Oct.	3	00 14	Oct.	9	20 55	Oct.	17	17 15
1235	Oct.	25	10 49	Nov.	1	06 37	Nov.	8	11 02	Nov.	16	13 27
1236	Nov.	23	22 57	Nov.	30	14 37	Dec.	8	04 08	Dec.	16	08 56
1237	Dec.	23	10 17	Dec.	30	01 21						

ECLIPSES

A partial eclipse of the Sun	Apr. 30	S.E. Pacific Ocean, Antarctic Peninsula and Ellsworth Land, S. South America
A total eclipse of the Moon	May 16	Africa except N.E. part, W. Europe (including British Isles), Iceland, Americas except N.W. part, Polynesia except W. part
A partial eclipse of the Sun	Oct. 25	Iceland, Europe (including British Isles), N.E. Africa, Middle East, W. Asia, India, W. China
A total eclipse of the Moon	Nov. 8	N.W. South America, North America, Pacific Ocean, Australasia, S.E. Asia, Japan, China, E. Russia

For further details see pages 64–75

MOON AT PERIGEE

	d	h		d	h		d	h
Jan.	1	23	May	17	15	Oct.	4	17
Jan.	30	07	June	14	23	Oct.	29	15
Feb.	26	22	July	13	09	Nov.	26	02
Mar.	24	00	Aug.	10	17	Dec.	24	08
Apr.	19	15	Sept.	7	18			

MOON AT APOGEE

	d	h		d	h		d	h
Jan.	14	09	June	2	01	Oct.	17	10
Feb.	11	03	June	29	06	Nov.	14	07
Mar.	10	23	July	26	10	Dec.	12	00
Apr.	7	19	Aug.	22	22			
May	5	13	Sept.	19	15			

OCCULTATIONS OF PLANETS AND BRIGHT STARS BY THE MOON

Date			Body	Areas of Visibility
	d	h		
Jan.	13	00	Ceres	Westernmost Canada, Alaska, N.E. edge of Russia
Feb.	07	20	Uranus	Edge of Queen Maud Land, South Sandwich Islands
Feb.	09	11	Ceres	Seychelles, Maldives, S. tip of India, Sri Lanka, most of S.E. Asia, S.E. China, Korean Peninsula, Japan, N. Micronesia
Mar.	07	06	Uranus	Parts of E. Antarctica, S.E. Australia, S.E. Melanesia, S.W. Polynesia
Mar.	09	07	Ceres	W. and N. Australia, E. Indonesia, Papua New Guinea, N. Melanesia, Micronesia, N. Polynesia (except Hawaii)
Apr.	03	17	Uranus	South and eastern South America, Ascension Island, St Helena Island, edge of western Central Africa
Apr.	06	09	Ceres	Madagascar, parts of E. Africa, S. and E. India, most of S.E. Asia, S.E. China, Papua New Guinea, most of Micronesia
May	04	14	Ceres	N.E. South America, Cape Verde Islands, Madeira, N. Africa, southernmost Europe, parts of Middle East, W. and S. India
May	27	03	Venus	S. Madagascar, most of S.E. Asia, S.E. China, most of Micronesia
May	28	14	Uranus	Easter Island, most of S. America, Cape Verde Islands, most of W. Africa
Jun.	01	21	Ceres	N. Polynesia, Hawaii, USA (except Alaska), most of Mexico, S. edge of Canada, Caribbean, N.E. edge of South America
Jun.	19	08	Vesta	Most of Antarctica, tip of S. America, Falkland Islands, S.W. Africa
Jun.	22	18	Mars	George V Land, Oates Land, Marie Byrd Land, S.E. Polynesia
Jun.	24	22	Uranus	W. and N. Australia, E. Indonesia, N.W. Melanesia, Micronesia, Hawaii
Jul.	21	17	Mars	Japan, N.E. Russia, N.W. Alaska, Svalbard, N. Greenland
Jul.	22	06	Uranus	N.E. South America, Cape Verde Islands, Madeira, N.W. Africa, Europe (except British Isles and Scandinavia), S.W. Russia, most of Middle East, westernmost China, N. India
Aug.	18	15	Uranus	Micronesia, most of Hawaii, Alaska, northernmost USA, Canada, Greenland, Iceland
Aug.	25	19	Ceres	Most of S. and E. Polynesia, S. tip of South America
Sept.	14	23	Uranus	Most of North Africa, Europe, parts of Middle East, most of Russia, Greenland, northernmost Canada, northwestern Alaska
Oct.	12	07	Uranus	N.W. Mexico, W. USA (including Alaska), most of Canada, N. edge of Russia, Greenland, Iceland, Scandinavia
Nov.	03	08	Juno	Most of Antarctica, southeasternmost Polynesia
Nov.	08	13	Uranus	Asia (except W. and S. India), most of Russia, Alaska, Svalbard, N. half of Greenland, most of N. and W. Canada
Dec.	01	00	Juno	W. USA (including E. Alaska), most of Canada
Dec.	05	18	Uranus	Most of North Africa, Azures, Europe (except Iceland), parts of Middle East, Russia, northernmost Japan
Dec.	08	04	Mars	N.W. Mexico, most of USA (except Alaska), Canada, Greenland, Svalbard, Europe, W. Russia, parts of N. Africa

Maps showing the areas of visibility may be found on AsA-Online.

PLANETARY PHENOMENA, 2022

GEOCENTRIC PHENOMENA

MERCURY

	d h	d h	d h	d h
Greatest elongation East	Jan. 7 11 (19°)	Apr. 29 08 (21°)	Aug. 27 16 (27°)	Dec. 21 15 (20°)
Stationary	Jan. 14 01	May 10 23	Sept. 9 20	Dec. 29 03
Inferior conjunction ...	Jan. 23 10	May 21 19	Sept. 23 07	—
Stationary	Feb. 3 22	June 3 00	Oct. 1 15	—
Greatest elongation West	Feb. 16 21 (26°)	June 16 15 (23°)	Oct. 8 21 (18°)	—
Superior conjunction ...	Apr. 2 23	July 16 20	Nov. 8 17	—

VENUS

	d h		d h
Inferior conjunction ...	Jan. 9 01	Greatest elongation West	Mar. 20 09 (47°)
Stationary	Jan. 29 08	Superior conjunction ...	Oct. 22 21
Greatest illuminated extent	Feb. 12 22		

EARTH

	d h		d h m		d h m
Perihelion ...	Jan. 4 07	Equinoxes ...	Mar. 20 15 33 ...	...	Sept. 23 01 04
Aphelion ...	July 4 07	Solstices ...	June 21 09 14 ...	...	Dec. 21 21 48

SUPERIOR PLANETS

	Conjunction	Stationary	Opposition	Stationary
	d h	d h	d h	d h
Mars	—	Oct. 30 11	Dec. 8 06	—
Jupiter	Mar. 5 14	July 29 12	Sept. 26 20	Nov. 24 13
Saturn	Feb. 4 19	June 5 14	Aug. 14 17	Oct. 23 09
Uranus	May 5 07	Aug. 24 15	Nov. 9 08	Jan. 18 20
Neptune	Mar. 13 12	June 28 23	Sept. 16 22	Dec. 4 10

The vertical bars indicate where the dates for the planet are not in chronological order.

HELIOCENTRIC PHENOMENA

	Perihelion	Aphelion	Ascending Node	Greatest Lat. North	Descending Node	Greatest Lat. South
Mercury	Jan. 15	Feb. 28	Jan. 11	Jan. 26	Feb. 18	Mar. 21
	Apr. 13	May 27	Apr. 9	Apr. 24	May 17	June 17
	July 10	Aug. 23	July 6	July 21	Aug. 13	Sept. 13
	Oct. 6	Nov. 19	Oct. 2	Oct. 17	Nov. 9	Dec. 10
	—	—	Dec. 29	—	—	—
Venus	Jan. 23	May 15	—	Feb. 13	Apr. 10	June 6
	Sept. 4	Dec. 26	Aug. 2	Sept. 26	Nov. 21	—
Mars	June 21	—	Oct. 20	—	—	May 26

Jupiter: Greatest Lat. South, Dec. 12
Saturn, Uranus, Neptune: None in 2022

VISIBILITY OF PLANETS

MERCURY can only be seen low in the east before sunrise, or low in the west after sunset (about the time of beginning or end of civil twilight). It is visible in the mornings between the following approximate dates: January 29 to March 24, May 31 to July 9 and September 30 to October 26. The planet is brighter at the end of each period, (the best conditions in northern latitudes occur in the second week of October and in southern latitudes from mid-February to early March). It is visible in the evenings between the following approximate dates: January 1 to January 17, April 11 to May 12, July 25 to September 17 and November 25 to December 31. The planet is brighter at the beginning of each period, (the best conditions in northern latitudes occur from mid-April to early May and in southern latitudes from mid-August to early September).

VENUS is a brilliant object in the evening sky at the beginning of January, and then after a few days becomes too close to the Sun for observation until mid-January, when it reappears as a morning star. It can then be seen in the morning sky until mid-September when it again becomes too close to the Sun for observation; from early December until the end of the year it is visible in the evening sky. Venus is in conjunction with Mars on February 13 and March 12, with Saturn on March 29 and Jupiter on April 30 and with Mercury on December 29.

MARS can be seen in the morning sky from the beginning of the year as it passes through Ophiuchus, Sagittarius, Capricornus, Aquarius, Pisces, briefly into Cetus, returning to Pisces in mid-June then into Aries and Taurus. Its westward elongation gradually increases (passing $4°$ N of *Aldebaran* on September 9) until it is at opposition on December 8 when it is visible throughout the night. Its eastward elongation gradually decreases during the remainder of the year (passing $8°$ N of *Aldebaran* on December 22). Mars is in conjuction with Venus on February 13 and March 12, with Saturn on April 4 and with Jupiter on May 29.

JUPITER can be seen in the evening sky in Aquarius at the start of the year. It becomes too close to the Sun for observation after mid-February and reappears in the morning sky during mid-March. It moves into Pisces in mid-April and into Cetus in late June. Its westward elongation gradually increases and in early September moves into Pisces once more. Jupiter is at opposition on September 26 when it is visible throughout the night, and from late December it can be seen in the evening sky. Jupiter is in conjunction with Mercury on March 20, with Venus on April 30 and with Mars on May 29.

SATURN can be seen in the evening sky in Capricornus and reamins in this constellation throughout the year. In mid-January it becomes too close to the Sun for observation and reappears in the morning sky in late February. It is at opposition on August 14 when it is visible throughout the night. Its eastward elongation then gradually decreases and mid-November it can only be seen in the evening sky. Saturn is in conjunction with Mercury on March 2, with Venus on March 29 ands with Mars on April 4.

URANUS is visible at the beginning of the year in Aries, in which constellation it remains throughout the year. From late January until mid-April it can only be seen in the evening sky. It then becomes too close to the Sun for observation reappearing in late May in the morning sky. It is at oppostion on November 9 when it is visible throughout the night, after which its eastward elongation gradually decreases.

NEPTUNE is visible at the beginning of the year in the evening sky in Aquarius. In late February it becomes too close to the Sun for observation and reappears in early April in the morning sky. It moves into Pisces in early May and Aquarius from mid-August. Neptune is at opposition on September 16 and from mid-December can only be seen in the evening sky.

DO NOT CONFUSE (1) Mercury with Saturn in mid-January and again from late February to early March; on both occasions Mercury is the brighter object. (2) Venus with Mars from early March to late in the same month, with Saturn from late March to early April, with Jupiter from late April to early May and with Mercury in early December and again in late December; on all occasions Venus is the brighter object. (3) Jupiter with Mercury in mid-March and with Mars from late May to early June; on both occasions Jupiter is the brighter onject. (4) Mars with Saturn from late March until mid-April when Saturn is the brighter object.

VISIBILITY OF PLANETS IN MORNING AND EVENING TWILIGHT

	Morning		Evening	
Venus			January 1	– January 3
	January 15	– September 15	December 3	– December 31
Mars	January 1	– December 8	December 8	– December 31
Jupiter			January 1	– February 20
	March 19	– September 26	September 26	– December 31
Saturn			January 1	– January 19
	February 22	– August 14	August 14	– December 31

VISIBILITY OF PLANETS

The planet diagram on page 9 shows, in graphical form for any date during the year, the local mean times of meridian passage of the Sun, of the five planets, Mercury, Venus, Mars, Jupiter and Saturn, and of every 2^h of right ascension. Intermediate lines, corresponding to particular stars, may be drawn in by the user if desired. The diagram is intended to provide a general picture of the availability of planets and stars for observation during the year.

On each side of the line marking the time of meridian passage of the Sun, a band 45^m wide is shaded to indicate that planets and most stars crossing the meridian within 45^m of the Sun are generally too close to the Sun for observation.

For any date the diagram provides immediately the local mean time of meridian passage of the Sun, planets and stars, and thus the following information:
  a) whether a planet or star is too close to the Sun for observation;
  b) visibility of a planet or star in the morning or evening;
  c) location of a planet or star during twilight;
  d) proximity of planets to stars or other planets.

When the meridian passage of a body occurs at midnight, it is close to opposition to the Sun and is visible all night, and may be observed in both morning and evening twilights. As the time of meridian passage decreases, the body ceases to be observable in the morning, but its altitude above the eastern horizon during evening twilight gradually increases until it is on the meridian at evening twilight. From then onwards the body is observable above the western horizon, its altitude at evening twilight gradually decreasing, until it becomes too close to the Sun for observation. When it again becomes visible, it is seen in the morning twilight, low in the east. Its altitude at morning twilight gradually increases until meridian passage occurs at the time of morning twilight, then as the time of meridian passage decreases to 0^h, the body is observable in the west in the morning twilight with a gradually decreasing altitude, until it once again reaches opposition.

Notes on the visibility of the planets are given on page 7. Further information on the visibility of planets may be obtained from the diagram below which shows, in graphical form for any date during the year, the declinations of the bodies plotted on the planet diagram on page 9.

DECLINATION OF SUN AND PLANETS, 2022

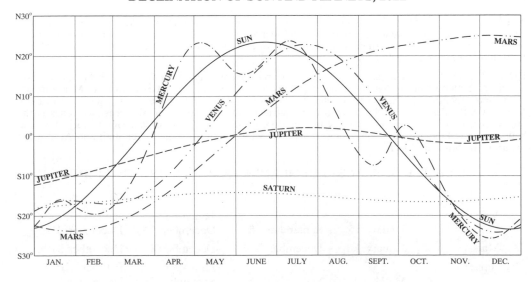

LOCAL MEAN TIME OF MERIDIAN PASSAGE

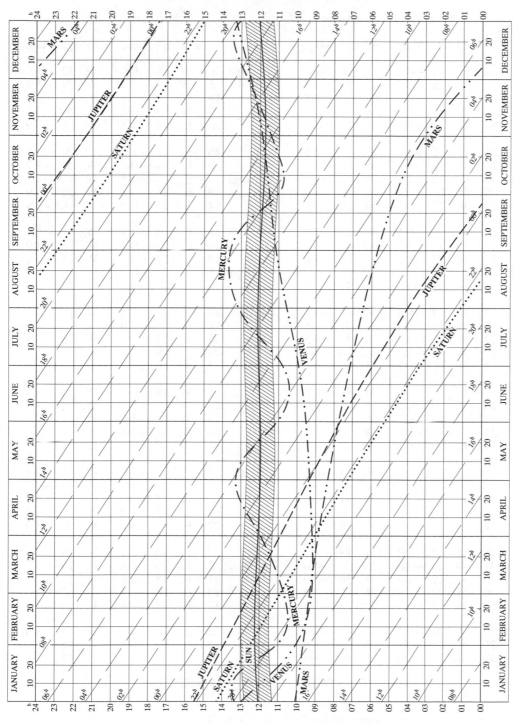

ELONGATIONS AND MAGNITUDES OF PLANETS AT 0ʰ UT

Date	Mercury Elong.	Mag.	Venus Elong.	Mag.	Date	Mercury Elong.	Mag.	Venus Elong.	Mag.
Jan. −4	E. 15	−0·8	E. 20	−4·5	**June** 30	W. 18	−0·6	W. 30	−3·9
1	E. 18	−0·7	E. 13	−4·2	**July** 5	W. 14	−1·1	W. 29	−3·9
6	E. 19	−0·6	E. 6	−4·3	10	W. 8	−1·6	W. 27	−3·9
11	E. 19	−0·2	W. 6	−4·2	15	W. 3	−2·1	W. 26	−3·9
16	E. 14	+0·8	W. 13	−4·2	20	E. 4	−1·8	W. 25	−3·9
21	E. 6	+3·9	W. 19	−4·5	25	E. 9	−1·2	W. 24	−3·9
26	W. 7	+3·9	W. 26	−4·7	30	E. 14	−0·8	W. 22	−3·9
31	W. 16	+1·3	W. 31	−4·8	**Aug.** 4	E. 18	−0·5	W. 21	−3·9
Feb. 5	W. 22	+0·5	W. 35	−4·9	9	E. 21	−0·2	W. 20	−3·9
10	W. 25	+0·2	W. 38	−4·9	14	E. 24	0·0	W. 18	−3·9
15	W. 26	+0·1	W. 41	−4·9	19	E. 26	+0·1	W. 17	−3·9
20	W. 26	0·0	W. 43	−4·8	24	E. 27	+0·2	W. 16	−3·9
25	W. 25	0·0	W. 44	−4·8	29	E. 27	+0·3	W. 15	−3·9
Mar. 2	W. 23	−0·1	W. 45	−4·7	**Sept.** 3	E. 26	+0·5	W. 13	−3·9
7	W. 21	−0·2	W. 46	−4·7	8	E. 24	+0·7	W. 12	−3·9
12	W. 18	−0·4	W. 46	−4·6	13	E. 19	+1·3	W. 11	−3·9
17	W. 15	−0·6	W. 47	−4·5	18	E. 11	+2·9	W. 9	−3·9
22	W. 11	−0·9	W. 47	−4·5	23	E. 3	·	W. 8	−3·9
27	W. 7	−1·3	W. 46	−4·4	28	W. 9	+2·9	W. 7	−3·9
Apr. 1	W. 2	−1·9	W. 46	−4·4	**Oct.** 3	W. 16	+0·6	W. 5	−3·9
6	E. 3	−1·9	W. 46	−4·3	8	W. 18	−0·4	W. 4	−3·9
11	E. 9	−1·6	W. 45	−4·3	13	W. 17	−0·8	W. 3	−3·9
16	E. 14	−1·2	W. 45	−4·2	18	W. 15	−1·0	W. 2	−3·9
21	E. 18	−0·7	W. 44	−4·2	23	W. 11	−1·1	E. 1	·
26	E. 20	−0·1	W. 43	−4·1	28	W. 8	−1·1	E. 2	·
May 1	E. 20	+0·5	W. 43	−4·1	**Nov.** 2	W. 4	−1·2	E. 3	−3·9
6	E. 19	+1·2	W. 42	−4·1	7	W. 1	−1·4	E. 4	−3·9
11	E. 15	+2·4	W. 41	−4·0	12	E. 2	−1·3	E. 5	−3·9
16	E. 9	+4·3	W. 40	−4·0	17	E. 5	−1·0	E. 6	−3·9
21	E. 2	·	W. 39	−4·0	22	E. 8	−0·8	E. 8	−3·9
26	W. 7	+5·0	W. 38	−4·0	27	E. 10	−0·7	E. 9	−3·9
31	W. 13	+3·0	W. 37	−4·0	**Dec.** 2	E. 13	−0·6	E. 10	−3·9
June 5	W. 19	+1·8	W. 36	−3·9	7	E. 15	−0·6	E. 11	−3·9
10	W. 22	+1·1	W. 35	−3·9	12	E. 18	−0·6	E. 12	−3·9
15	W. 23	+0·6	W. 33	−3·9	17	E. 19	−0·6	E. 14	−3·9
20	W. 23	+0·2	W. 32	−3·9	22	E. 20	−0·4	E. 15	−3·9
25	W. 21	−0·2	W. 31	−3·9	27	E. 19	−0·1	E. 16	−3·9
30	W. 18	−0·6	W. 30	−3·9	32	E. 13	+1·1	E. 17	−3·9

SELECTED DWARF AND MINOR PLANETS

	Conjunction	Stationary	Opposition	Stationary
Ceres	July 22	—	—	Jan. 16
Pallas	Apr. 12	Nov. 24	—	—
Juno	Jan. 11	July 28	Sept. 7	Oct. 19
Vesta	—	July 12	Aug. 22	Oct. 7
Pluto	Jan. 16	Apr. 30	July 20	Oct. 8

ELONGATIONS AND MAGNITUDES OF PLANETS AT 0ʰ UT

Date	Mars Elong.	Mag.	Jupiter Elong.	Mag.	Saturn Elong.	Mag.	Uranus Elong.	Mag.	Neptune Elong.	Mag.
Jan. −9	W. 24	+1·6	E. 58	−2·2	E. 41	+0·7	E. 131	+5·7	E. 80	+7·8
1	W. 27	+1·5	E. 50	−2·1	E. 31	+0·7	E. 120	+5·7	E. 70	+7·8
11	W. 30	+1·5	E. 42	−2·1	E. 22	+0·7	E. 110	+5·8	E. 60	+7·8
21	W. 33	+1·5	E. 34	−2·1	E. 13	+0·7	E. 100	+5·8	E. 50	+7·8
31	W. 36	+1·4	E. 26	−2·1	E. 4	+0·6	E. 90	+5·8	E. 40	+7·8
Feb. 10	W. 39	+1·4	E. 18	−2·0	W. 5	+0·6	E. 80	+5·8	E. 31	+7·8
20	W. 42	+1·3	E. 10	−2·0	W. 14	+0·7	E. 70	+5·8	E. 21	+7·8
Mar. 2	W. 45	+1·3	E. 3	−2·0	W. 22	+0·7	E. 60	+5·8	E. 11	+7·8
12	W. 47	+1·2	W. 5	−2·0	W. 31	+0·7	E. 51	+5·9	E. 2	+7·8
22	W. 50	+1·1	W. 12	−2·0	W. 40	+0·7	E. 41	+5·9	W. 8	+7·8
Apr. 1	W. 52	+1·1	W. 20	−2·0	W. 49	+0·7	E. 32	+5·9	W. 18	+7·8
11	W. 54	+1·0	W. 27	−2·1	W. 58	+0·7	E. 22	+5·9	W. 27	+7·8
21	W. 56	+0·9	W. 35	−2·1	W. 67	+0·7	E. 13	+5·9	W. 37	+7·8
May 1	W. 59	+0·9	W. 43	−2·1	W. 76	+0·7	E. 4	+5·9	W. 46	+7·8
11	W. 61	+0·8	W. 50	−2·1	W. 86	+0·7	W. 5	+5·9	W. 55	+7·8
21	W. 63	+0·7	W. 58	−2·2	W. 95	+0·6	W. 14	+5·9	W. 65	+7·8
31	W. 65	+0·6	W. 66	−2·2	W. 104	+0·6	W. 23	+5·9	W. 74	+7·8
June 10	W. 67	+0·6	W. 74	−2·3	W. 114	+0·6	W. 32	+5·9	W. 84	+7·8
20	W. 70	+0·5	W. 82	−2·3	W. 124	+0·5	W. 41	+5·9	W. 93	+7·8
30	W. 72	+0·4	W. 91	−2·4	W. 133	+0·5	W. 51	+5·9	W. 103	+7·7
July 10	W. 74	+0·3	W. 100	−2·5	W. 143	+0·4	W. 60	+5·8	W. 112	+7·7
20	W. 77	+0·3	W. 109	−2·6	W. 154	+0·4	W. 69	+5·8	W. 122	+7·7
30	W. 80	+0·2	W. 118	−2·6	W. 164	+0·3	W. 78	+5·8	W. 132	+7·7
Aug. 9	W. 83	+0·1	W. 128	−2·7	W. 174	+0·3	W. 88	+5·8	W. 141	+7·7
19	W. 87	0·0	W. 138	−2·8	E. 175	+0·2	W. 97	+5·8	W. 151	+7·7
29	W. 91	−0·1	W. 148	−2·9	E. 165	+0·3	W. 107	+5·7	W. 161	+7·7
Sept. 8	W. 95	−0·3	W. 159	−2·9	E. 155	+0·3	W. 117	+5·7	W. 171	+7·7
18	W. 100	−0·4	W. 170	−2·9	E. 144	+0·4	W. 126	+5·7	E. 178	+7·7
28	W. 106	−0·6	E. 178	−2·9	E. 134	+0·4	W. 136	+5·7	E. 169	+7·7
Oct. 8	W. 112	−0·7	E. 167	−2·9	E. 124	+0·5	W. 147	+5·7	E. 159	+7·7
18	W. 120	−0·9	E. 156	−2·9	E. 114	+0·5	W. 157	+5·7	E. 149	+7·7
28	W. 129	−1·1	E. 145	−2·8	E. 104	+0·6	W. 167	+5·7	E. 138	+7·7
Nov. 7	W. 139	−1·4	E. 135	−2·8	E. 94	+0·6	W. 178	+5·7	E. 128	+7·7
17	W. 151	−1·6	E. 124	−2·7	E. 85	+0·7	E. 172	+5·7	E. 118	+7·7
27	W. 164	−1·8	E. 114	−2·6	E. 75	+0·7	E. 161	+5·7	E. 108	+7·7
Dec. 7	W. 177	−1·9	E. 104	−2·5	E. 65	+0·7	E. 151	+5·7	E. 98	+7·7
17	E. 168	−1·7	E. 95	−2·5	E. 56	+0·7	E. 141	+5·7	E. 88	+7·8
27	E. 155	−1·4	E. 85	−2·4	E. 47	+0·8	E. 130	+5·7	E. 78	+7·8
37	E. 143	−1·1	E. 76	−2·3	E. 38	+0·8	E. 120	+5·7	E. 68	+7·8

VISUAL MAGNITUDES OF SELECTED DWARF & MINOR PLANETS

	Jan. 1	Feb. 10	Mar. 22	May 1	June 10	July 20	Aug. 29	Oct. 8	Nov. 17	Dec. 27
Ceres	7·7	8·4	8·8	8·9	8·8	8·4	8·7	8·8	8·7	8·3
Pallas	10·0	9·9	9·7	9·6	9·6	9·4	9·1	8·7	8·2	7·8
Juno	10·9	10·9	10·9	10·6	10·1	9·3	8·2	8·4	9·1	9·5
Vesta	7·7	7·8	7·8	7·6	7·1	6·4	5·9	6·8	7·6	8·1
Pluto	14·8	14·8	14·8	14·8	14·7	14·6	14·7	14·8	14·9	14·8

CONFIGURATIONS OF SUN, MOON AND PLANETS

	d h	
Jan.	1 23	Moon at perigee
	2 19	NEW MOON
	4 01	Mercury 3° N. of Moon
	4 07	Earth at perihelion
	4 17	Saturn 4° N. of Moon
	6 00	Jupiter 4° N. of Moon
	7 10	Neptune 4° N. of Moon
	7 11	Mercury greatest elong. E. (19°)
	9 01	Venus in inferior conjunction
	9 18	FIRST QUARTER
	11 11	Uranus 1°.5 N. of Moon
	11 22	Juno in conjunction with Sun
	13 00	Ceres 1°.2 S. of Moon Occn.
	14 01	Mercury stationary
	14 09	Moon at apogee
	16 15	Pluto in conjunction with Sun
	16 22	Ceres stationary
	18 00	FULL MOON
	18 20	Uranus stationary
	23 10	Mercury in inferior conjunction
	25 14	LAST QUARTER
	29 08	Venus stationary
	29 15	Mars 2° N. of Moon
	30 02	Venus 10° N. of Moon
	30 07	Moon at perigee
	31 00	Mercury 8° N. of Moon
Feb.	1 06	NEW MOON
	2 21	Jupiter 4° N. of Moon
	3 21	Neptune 4° N. of Moon
	3 22	Mercury stationary
	4 19	Saturn in conjunction with Sun
	7 20	Uranus 1°.2 N. of Moon Occn.
	8 14	FIRST QUARTER
	9 11	Ceres 0°.03 S. of Moon Occn.
	11 03	Moon at apogee
	12 22	Venus greatest illuminated extent
	13 01	Venus 7° N. of Mars
	16 17	FULL MOON
	16 21	Mercury greatest elong. W. (26°)
	23 23	LAST QUARTER
	26 22	Moon at perigee
	27 06	Venus 9° N. of Moon
	27 09	Mars 4° N. of Moon
	28 20	Mercury 4° N. of Moon
Mar.	1 00	Saturn 4° N. of Moon
	2 13	Mercury 0°.7 S. of Saturn
	2 18	NEW MOON
	5 14	Jupiter in conjunction with Sun
	7 06	Uranus 0°.8 N. of Moon Occn.
	9 07	Ceres 0°.3 N. of Moon Occn.

	d h	
Mar.	10 11	FIRST QUARTER
	10 23	Moon at apogee
	12 14	Venus 4° N. of Mars
	13 12	Neptune in conjunction with Sun
	18 07	FULL MOON
	20 09	Venus greatest elong. W. (47°)
	20 16	Equinox
	20 22	Mercury 1°.3 S. of Jupiter
	24 00	Moon at perigee
	25 06	LAST QUARTER
	28 03	Mars 4° N. of Moon
	28 10	Venus 7° N. of Moon
	28 12	Saturn 4° N. of Moon
	29 13	Venus 2° N. of Saturn
	30 15	Jupiter 4° N. of Moon
	30 19	Neptune 4° N. of Moon
Apr.	1 06	NEW MOON
	2 23	Mercury in superior conjunction
	3 17	Uranus 0°.6 N. of Moon Occn.
	4 22	Mars 0°.3 S. of Saturn
	6 09	Ceres 0°.2 N. of Moon Occn.
	7 19	Moon at apogee
	9 07	FIRST QUARTER
	12 03	Pallas in conjunction with Sun
	12 20	Jupiter 0°.1 N. of Neptune
	16 19	FULL MOON
	19 15	Moon at perigee
	23 12	LAST QUARTER
	24 21	Saturn 5° N. of Moon
	25 22	Mars 4° N. of Moon
	27 02	Venus 4° N. of Moon
	27 03	Neptune 4° N. of Moon
	27 08	Jupiter 4° N. of Moon
	27 19	Venus 0°.007 S. of Neptune
	29 08	Mercury greatest elong. E. (21°)
	30 19	Venus 0°.2 S. of Jupiter
	30 20	NEW MOON Eclipse
	30 21	Pluto stationary
May	2 14	Mercury 1°.8 N. of Moon
	4 14	Ceres 0°.008 N. of Moon Occn.
	5 07	Uranus in conjunction with Sun
	5 13	Moon at apogee
	9 00	FIRST QUARTER
	10 23	Mercury stationary
	16 04	FULL MOON Eclipse
	17 15	Moon at perigee
	17 23	Mars 0°.6 S. of Neptune
	21 19	Mercury in inferior conjunction

CONFIGURATIONS OF SUN, MOON AND PLANETS

d h		
May 22 05	Saturn 4° N. of Moon	
22 19	LAST QUARTER	
24 10	Neptune 4° N. of Moon	
24 19	Mars 3° N. of Moon	
25 00	Jupiter 3° N. of Moon	
27 03	Venus 0°.2 N. of Moon	Occn.
28 14	Uranus 0°.3 N. of Moon	Occn.
29 00	Mars 0°.6 S. of Jupiter	
30 12	NEW MOON	
June 1 21	Ceres 0°.1 S. of Moon	Occn.
2 01	Moon at apogee	
3 00	Mercury stationary	
5 14	Saturn stationary	
7 15	FIRST QUARTER	
11 13	Venus 1°.6 S. of Uranus	
14 12	FULL MOON	
14 23	Moon at perigee	
16 15	Mercury greatest elong. W. (23°)	
18 12	Saturn 4° N. of Moon	
19 08	Vesta 0°.7 N. of Moon	Occn.
20 17	Neptune 4° N. of Moon	
21 03	LAST QUARTER	
21 09	Solstice	
21 14	Jupiter 3° N. of Moon	
22 18	Mars 0°.9 N. of Moon	Occn.
23 14	Mercury 3° N. of *Aldebaran*	
24 22	Uranus 0°.05 N. of Moon	Occn.
26 08	Venus 3° S. of Moon	
27 08	Mercury 4° S. of Moon	
28 23	Neptune stationary	
29 03	NEW MOON	
29 06	Moon at apogee	
July 2 00	Venus 4° N. of *Aldebaran*	
4 07	Earth at aphelion	
7 02	FIRST QUARTER	
12 06	Vesta stationary	
13 09	Moon at perigee	
13 19	FULL MOON	
15 20	Saturn 4° N. of Moon	
16 20	Mercury in superior conjunction	
18 01	Neptune 3° N. of Moon	
19 01	Jupiter 2° N. of Moon	
20 02	Pluto at opposition	
20 14	LAST QUARTER	
21 17	Mars 1°.1 S. of Moon	Occn.
22 01	Ceres in conjunction with Sun	
22 06	Uranus 0°.2 S. of Moon	Occn.
26 10	Moon at apogee	
26 14	Venus 4° S. of Moon	
28 10	Juno stationary	

d h		
July 28 18	NEW MOON	
29 12	Jupiter stationary	
Aug. 1 09	Mars 1°.4 S. of Uranus	
4 05	Mercury 0°.7 N. of *Regulus*	
5 11	FIRST QUARTER	
7 10	Venus 7° S. of *Pollux*	
10 17	Moon at perigee	
12 02	FULL MOON	
12 04	Saturn 4° N. of Moon	
14 10	Neptune 3° N. of Moon	
14 17	Saturn at opposition	
15 10	Jupiter 1°.9 N. of Moon	
18 15	Uranus 0°.6 S. of Moon	Occn.
19 05	LAST QUARTER	
19 12	Mars 3° S. of Moon	
22 19	Vesta at opposition	
22 22	Moon at apogee	
24 15	Uranus stationary	
25 19	Ceres 0°.7 N. of Moon	Occn.
25 21	Venus 4° S. of Moon	
27 08	NEW MOON	
27 16	Mercury greatest elong. E. (27°)	
29 11	Mercury 7° S. of Moon	
Sept. 3 18	FIRST QUARTER	
5 01	Venus 0°.8 N. of *Regulus*	
7 17	Juno at opposition	
7 18	Moon at perigee	
8 11	Saturn 4° N. of Moon	
9 01	Mars 4° N. of *Aldebaran*	
9 20	Mercury stationary	
10 10	FULL MOON	
10 19	Neptune 3° N. of Moon	
11 15	Jupiter 1°.8 N. of Moon	
14 23	Uranus 0°.8 S. of Moon	Occn.
16 22	Neptune at opposition	
17 02	Mars 4° S. of Moon	
17 22	LAST QUARTER	
19 15	Moon at apogee	
23 01	Equinox	
23 07	Mercury in inferior conjunction	
25 22	NEW MOON	
26 20	Jupiter at opposition	
Oct. 1 15	Mercury stationary	
3 00	FIRST QUARTER	
4 17	Moon at perigee	
5 16	Saturn 4° N. of Moon	
7 06	Vesta stationary	
8 03	Neptune 3° N. of Moon	

CONFIGURATIONS OF SUN, MOON AND PLANETS

	d	h		
Oct.	8	18	Jupiter 2° N. of Moon	
	8	18	Pluto stationary	
	8	21	Mercury greatest elong. W. (18°)	
	9	21	FULL MOON	
	12	07	Uranus 0°8 S. of Moon	Occn.
	15	05	Mars 4° S. of Moon	
	17	10	Moon at apogee	
	17	17	LAST QUARTER	
	19	00	Juno stationary	
	22	21	Venus in superior conjunction	
	23	09	Saturn stationary	
	25	11	NEW MOON	Eclipse
	29	15	Moon at perigee	
	30	11	Mars stationary	
Nov.	1	07	FIRST QUARTER	
	1	21	Saturn 4° N. of Moon	
	3	08	Juno 1°0 N. of Moon	Occn.
	4	08	Neptune 3° N. of Moon	
	4	20	Jupiter 2° N. of Moon	
	8	11	FULL MOON	Eclipse
	8	13	Uranus 0°7 S. of Moon	Occn.
	8	17	Mercury in superior conjunction	
	9	08	Uranus at opposition	
	11	14	Mars 2° S. of Moon	
	14	07	Moon at apogee	
	16	13	LAST QUARTER	
	23	23	NEW MOON	

	d	h		
Nov.	24	13	Jupiter stationary	
	24	13	Pallas stationary	
	26	02	Moon at perigee	
	29	05	Saturn 4° N. of Moon	
	30	15	FIRST QUARTER	
Dec.	1	00	Juno 1°2 S. of Moon	Occn.
	1	02	Mars closest approach	
	1	13	Neptune 3° N. of Moon	
	2	01	Jupiter 3° N. of Moon	
	4	10	Neptune stationary	
	5	18	Uranus 0°7 S. of Moon	Occn.
	8	04	FULL MOON	
	8	04	Mars 0°5 S. of Moon	Occn.
	8	06	Mars at opposition	
	12	00	Moon at apogee	
	16	09	LAST QUARTER	
	21	15	Mercury greatest elong. E. (20°)	
	21	22	Solstice	
	22	04	Mars 8° N. of *Aldebaran*	
	23	10	NEW MOON	
	24	08	Moon at perigee	
	24	11	Venus 3° N. of Moon	
	24	19	Mercury 4° N. of Moon	
	26	16	Saturn 4° N. of Moon	
	28	20	Neptune 3° N. of Moon	
	29	03	Mercury stationary	
	29	09	Mercury 1°4 N. of Venus	
	29	11	Jupiter 2° N. of Moon	
	30	01	FIRST QUARTER	

PREDICTED PERIHELION PASSAGES OF COMETS, 2022

Periodic comet	Perihelion date T	distance q (au)	Period P (yr)	Periodic comet	Perihelion date T	distance q (au)	Period P (yr)
181P/Shoemaker-Levy	Jan. 8	1·16	7·6	169P/NEAT	July 9	0·60	4·2
104P/Kowal	Jan. 11	1·07	5·7	116P/Wild	July 16	2·20	6·5
205P/Giacobini	Jan. 13	1·53	6·6	119P/Parker-Hartley	Aug. 11	2·33	7·4
152P/Helin-Lawrence	Jan. 13	3·09	9·4	107P/Wilson-Harrington	Aug. 24	0·97	4·2
19P/Borrelly	Feb. 1	1·31	6·8	73P/Schwassmann-Wachmann	Aug. 25	0·97	5·4
97P/Metcalf-Brewington	Feb. 15	2·57	10·3	327P/Van Ness	Sept. 2	1·56	6·7
9P/Tempel	Mar. 4	1·54	5·5	255P/Levy	Sept. 7	0·85	5·0
22P/Kopff	Mar. 18	1·55	6·3	157P/Tritton	Sept. 9	1·57	6·6
230P/LINEAR	Mar. 19	1·57	6·4	41P/Tuttle-Giacobini-Kresák	Sept. 13	1·05	5·4
325P/Yang-Gao	Mar. 29	1·43	6·6	51P/Harrington	Oct. 3	1·69	7·1
135P/Shoemaker-Levy	Apr. 7	2·68	7·4	61P/Shajn-Schaldach	Oct. 23	2·13	7·0
274P/Tombaugh-TENAGRA	Apr. 8	2·45	9·1	204P/LINEAR-NEAT	Nov. 16	1·83	6·7
99P/Kowal	Apr. 12	4·71	15·0	118P/Shoemaker-Levy	Nov. 24	1·83	6·1
44P/Reinmuth	Apr. 23	2·11	7·1	80P/Peters-Hartley	Dec. 8	1·62	8·0
45P/Honda-Mrkos-Pajdušáková	Apr. 26	0·56	5·3	81P/Wild	Dec. 15	1·60	6·4
117P/Helin-Roman-Alu	July 7	3·04	8·2				

CHRONOLOGICAL CYCLES AND ERAS

Dominical Letter	B	Julian Period (year of)	6735
Epact	27	Roman Indiction	15
Golden Number (Lunar Cycle) ...	IX	Solar Cycle	15

All dates are given in terms of the Gregorian calendar in which
2022 January 14 corresponds to 2022 January 1 of the Julian calendar.

ERA	YEAR	BEGINS	ERA	YEAR	BEGINS
Byzantine	7531	Sept. 14	Japanese	2682	Jan. 1
Jewish (A.M.)*	5783	Sept. 25	Seleucidæ (Grecian) ...	2334	Sept. 14
Chinese (rén yín) ...		Feb. 1			(or Oct. 14)
Roman (A.U.C.)	2775	Jan. 14	Saka (Indian)	1944	Mar. 22
Nabonassar	2771	Apr. 18	Diocletian (Coptic) ...	1739	Sept. 11
			Islamic (Hegira)* ...	1444	July 29

* Year begins at sunset

RELIGIOUS CALENDARS

Epiphany	Jan. 6	Ascension Day	May 26
Ash Wednesday	Mar. 2	Whit Sunday—Pentecost ...	June 5
Palm Sunday	Apr. 10	Trinity Sunday	June 12
Good Friday	Apr. 15	First Sunday in Advent	Nov. 27
Easter Day	Apr. 17	Christmas Day (Sunday)	Dec. 25
First Day of Passover (Pesach)	Apr. 16	Day of Atonement (Yom Kippur)	Oct. 5
Feast of Weeks (Shavuot) ...	June 5	First day of Tabernacles	
Jewish New Year‡		(Succoth)	Oct. 10
(Rosh Hashanah)	Sept. 26	Festival of Lights (Hanukkah)	Dec. 19
First day of Ramadân‡	Apr. 3	Islamic New Year‡	July 30
First day of Shawwal‡	May 3		

‡The Jewish and Islamic dates above are tabular dates, which begin at sunset on the previous evening and end at sunset on the date tabulated. In practice, the dates of Islamic fasts and festivals are determined by an actual sighting of the appropriate new Moon.

CIVIL CALENDAR—UNITED STATES OF AMERICA

New Year's Day	Jan. 1	Labor Day	Sept. 5
Martin Luther King's Birthday	Jan. 17	Columbus Day	Oct. 10
Washington's Birthday	Feb. 21	General Election Day	Nov. 8
Memorial Day	May 30	Veterans Day	Nov. 11
Independence Day	July 4	Thanksgiving Day	Nov. 24

CIVIL CALENDAR—UNITED KINGDOM

Accession of Queen Elizabeth II	Feb. 6	Birthday of Prince Philip,	
St David (Wales)	Mar. 1	Duke of Edinburgh	June 10
Commonwealth Day	Mar. 14	The Queen's Official Birthday†	June 11
St Patrick (Ireland)	Mar. 17	Remembrance Sunday	Nov. 13
Birthday of Queen Elizabeth II	Apr. 21	Birthday of the Prince of Wales	Nov. 14
St George (England)	Apr. 23	St Andrew (Scotland)	Nov. 30
Coronation Day	June 2		

†Date subject to confirmation

CALENDAR, 2022

Day of Month	JANUARY Day of Week	Day of Year	FEBRUARY Day of Week	Day of Year	MARCH Day of Week	Day of Year	APRIL Day of Week	Day of Year	MAY Day of Week	Day of Year	JUNE Day of Week	Day of Year
1	Sat.	1	Tue.	32	Tue.	60	Fri.	91	Sun.	121	Wed.	152
2	Sun.	2	Wed.	33	Wed.	61	Sat.	92	Mon.	122	Thu.	153
3	Mon.	3	Thu.	34	Thu.	62	Sun.	93	Tue.	123	Fri.	154
4	Tue.	4	Fri.	35	Fri.	63	Mon.	94	Wed.	124	Sat.	155
5	Wed.	5	Sat.	36	Sat.	64	Tue.	95	Thu.	125	Sun.	156
6	Thu.	6	Sun.	37	Sun.	65	Wed.	96	Fri.	126	Mon.	157
7	Fri.	7	Mon.	38	Mon.	66	Thu.	97	Sat.	127	Tue.	158
8	Sat.	8	Tue.	39	Tue.	67	Fri.	98	Sun.	128	Wed.	159
9	Sun.	9	Wed.	40	Wed.	68	Sat.	99	Mon.	129	Thu.	160
10	Mon.	10	Thu.	41	Thu.	69	Sun.	100	Tue.	130	Fri.	161
11	Tue.	11	Fri.	42	Fri.	70	Mon.	101	Wed.	131	Sat.	162
12	Wed.	12	Sat.	43	Sat.	71	Tue.	102	Thu.	132	Sun.	163
13	Thu.	13	Sun.	44	Sun.	72	Wed.	103	Fri.	133	Mon.	164
14	Fri.	14	Mon.	45	Mon.	73	Thu.	104	Sat.	134	Tue.	165
15	Sat.	15	Tue.	46	Tue.	74	Fri.	105	Sun.	135	Wed.	166
16	Sun.	16	Wed.	47	Wed.	75	Sat.	106	Mon.	136	Thu.	167
17	Mon.	17	Thu.	48	Thu.	76	Sun.	107	Tue.	137	Fri.	168
18	Tue.	18	Fri.	49	Fri.	77	Mon.	108	Wed.	138	Sat.	169
19	Wed.	19	Sat.	50	Sat.	78	Tue.	109	Thu.	139	Sun.	170
20	Thu.	20	Sun.	51	Sun.	79	Wed.	110	Fri.	140	Mon.	171
21	Fri.	21	Mon.	52	Mon.	80	Thu.	111	Sat.	141	Tue.	172
22	Sat.	22	Tue.	53	Tue.	81	Fri.	112	Sun.	142	Wed.	173
23	Sun.	23	Wed.	54	Wed.	82	Sat.	113	Mon.	143	Thu.	174
24	Mon.	24	Thu.	55	Thu.	83	Sun.	114	Tue.	144	Fri.	175
25	Tue.	25	Fri.	56	Fri.	84	Mon.	115	Wed.	145	Sat.	176
26	Wed.	26	Sat.	57	Sat.	85	Tue.	116	Thu.	146	Sun.	177
27	Thu.	27	Sun.	58	Sun.	86	Wed.	117	Fri.	147	Mon.	178
28	Fri.	28	Mon.	59	Mon.	87	Thu.	118	Sat.	148	Tue.	179
29	Sat.	29			Tue.	88	Fri.	119	Sun.	149	Wed.	180
30	Sun.	30			Wed.	89	Sat.	120	Mon.	150	Thu.	181
31	Mon.	31			Thu.	90			Tue.	151		

JULIAN DATE, 2022

0^h UT	JD	0^h UT	JD	0^h UT	JD
Jan. 0	245 9579·5	May 0	245 9699·5	Sept. 0	245 9822·5
Feb. 0	245 9610·5	June 0	245 9730·5	Oct. 0	245 9852·5
Mar. 0	245 9638·5	July 0	245 9760·5	Nov. 0	245 9883·5
Apr. 0	245 9669·5	Aug. 0	245 9791·5	Dec. 0	245 9913·5

400-day date, JD 245 9600·5 = 2022 January 21·0

Standard epoch,   1900 January 0, 12^h UT = JD 241 5020·0
Standard epoch, B1950·0 = 1950 Jan. 0·923 = JD 243 3282·423
               B2022·0 = 2022 Jan. 0·362 = JD 245 9579·862

Standard epoch, J2000·0 = 2000 Jan. 1·5   = JD 245 1545·0
               J2022·5 = 2022 July 2·625 = JD 245 9763·125

Day of Month	JULY Day of Week	Day of Year	AUGUST Day of Week	Day of Year	SEPTEMBER Day of Week	Day of Year	OCTOBER Day of Week	Day of Year	NOVEMBER Day of Week	Day of Year	DECEMBER Day of Week	Day of Year
1	Fri.	182	Mon.	213	Thu.	244	Sat.	274	Tue.	305	Thu.	335
2	Sat.	183	Tue.	214	Fri.	245	Sun.	275	Wed.	306	Fri.	336
3	Sun.	184	Wed.	215	Sat.	246	Mon.	276	Thu.	307	Sat.	337
4	Mon.	185	Thu.	216	Sun.	247	Tue.	277	Fri.	308	Sun.	338
5	Tue.	186	Fri.	217	Mon.	248	Wed.	278	Sat.	309	Mon.	339
6	Wed.	187	Sat.	218	Tue.	249	Thu.	279	Sun.	310	Tue.	340
7	Thu.	188	Sun.	219	Wed.	250	Fri.	280	Mon.	311	Wed.	341
8	Fri.	189	Mon.	220	Thu.	251	Sat.	281	Tue.	312	Thu.	342
9	Sat.	190	Tue.	221	Fri.	252	Sun.	282	Wed.	313	Fri.	343
10	Sun.	191	Wed.	222	Sat.	253	Mon.	283	Thu.	314	Sat.	344
11	Mon.	192	Thu.	223	Sun.	254	Tue.	284	Fri.	315	Sun.	345
12	Tue.	193	Fri.	224	Mon.	255	Wed.	285	Sat.	316	Mon.	346
13	Wed.	194	Sat.	225	Tue.	256	Thu.	286	Sun.	317	Tue.	347
14	Thu.	195	Sun.	226	Wed.	257	Fri.	287	Mon.	318	Wed.	348
15	Fri.	196	Mon.	227	Thu.	258	Sat.	288	Tue.	319	Thu.	349
16	Sat.	197	Tue.	228	Fri.	259	Sun.	289	Wed.	320	Fri.	350
17	Sun.	198	Wed.	229	Sat.	260	Mon.	290	Thu.	321	Sat.	351
18	Mon.	199	Thu.	230	Sun.	261	Tue.	291	Fri.	322	Sun.	352
19	Tue.	200	Fri.	231	Mon.	262	Wed.	292	Sat.	323	Mon.	353
20	Wed.	201	Sat.	232	Tue.	263	Thu.	293	Sun.	324	Tue.	354
21	Thu.	202	Sun.	233	Wed.	264	Fri.	294	Mon.	325	Wed.	355
22	Fri.	203	Mon.	234	Thu.	265	Sat.	295	Tue.	326	Thu.	356
23	Sat.	204	Tue.	235	Fri.	266	Sun.	296	Wed.	327	Fri.	357
24	Sun.	205	Wed.	236	Sat.	267	Mon.	297	Thu.	328	Sat.	358
25	Mon.	206	Thu.	237	Sun.	268	Tue.	298	Fri.	329	Sun.	359
26	Tue.	207	Fri.	238	Mon.	269	Wed.	299	Sat.	330	Mon.	360
27	Wed.	208	Sat.	239	Tue.	270	Thu.	300	Sun.	331	Tue.	361
28	Thu.	209	Sun.	240	Wed.	271	Fri.	301	Mon.	332	Wed.	362
29	Fri.	210	Mon.	241	Thu.	272	Sat.	302	Tue.	333	Thu.	363
30	Sat.	211	Tue.	242	Fri.	273	Sun.	303	Wed.	334	Fri.	364
31	Sun.	212	Wed.	243			Mon.	304			Sat.	365

MEAN SIDEREAL TIME, 2022

Greenwich mean sidereal time at 0^h UT

		h			h			h			h
Jan.	0	6·6430	Apr.	0	12·5568	July	0	18·5364	Oct.	0	0·5817
Feb.	0	8·6800	May	0	14·5281	Aug.	0	20·5734	Nov.	0	2·6187
Mar.	0	10·5198	June	0	16·5651	Sept.	0	22·6104	Dec.	0	4·5900

Greenwich mean sidereal time (GMST) on day d of month at hour t UT

$$= \text{GMST at } 0^h \text{ UT on day } 0 + 0^h.065\,71\,d + 1^h.002\,74\,t$$

$$\text{Local mean sidereal time} = \text{GMST} \genfrac{}{}{0pt}{}{+\ \text{east}}{-\ \text{west}} \text{ longitude}$$

THE SUN, 2022

AT 0ʰ UNIVERSAL TIME

Date	Equation of time	Declination	Date	Equation of time	Declination	Date	Equation of time	Declination	Date	Equation of time	Declination
	m s	° ′		m s	° ′		m s	° ′		m s	° ′
Jan. 0	−02 49	−23 06	Feb. 15	−14 07	−12 46	Apr. 1	−04 01	+04 27	May 17	+03 36	+19 17
1	03 18	23 01	16	14 03	12 25	2	03 43	04 50	18	03 34	19 30
2	03 46	22 56	17	14 00	12 04	3	03 26	05 13	19	03 32	19 43
3	04 14	22 51	18	13 55	11 43	4	03 08	05 36	20	03 29	19 56
4	04 42	22 45	19	13 50	11 22	5	02 51	05 59	21	03 25	20 08
5	−05 09	−22 38	20	−13 44	−11 00	6	−02 34	+06 22	22	+03 21	+20 20
6	05 36	22 31	21	13 38	10 39	7	02 17	06 44	23	03 17	20 32
7	06 02	22 24	22	13 30	10 17	8	02 00	07 07	24	03 11	20 43
8	06 28	22 16	23	13 23	09 55	9	01 44	07 29	25	03 06	20 54
9	06 53	22 08	24	13 14	09 33	10	01 27	07 52	26	03 00	21 05
10	−07 18	−21 59	25	−13 05	−09 11	11	−01 11	+08 14	27	+02 53	+21 15
11	07 42	21 50	26	12 56	08 49	12	00 56	08 36	28	02 46	21 25
12	08 06	21 41	27	12 46	08 26	13	00 40	08 58	29	02 38	21 35
13	08 29	21 31	28	12 35	08 03	14	00 25	09 19	30	02 30	21 44
14	08 51	21 21	Mar. 1	12 24	07 41	15	−00 10	09 41	31	02 21	21 53
15	−09 13	−21 10	2	−12 13	−07 18	16	+00 04	+10 02	June 1	+02 12	+22 01
16	09 34	20 59	3	12 00	06 55	17	00 19	10 24	2	02 03	22 09
17	09 54	20 47	4	11 48	06 32	18	00 32	10 45	3	01 53	22 17
18	10 13	20 35	5	11 35	06 09	19	00 46	11 06	4	01 43	22 24
19	10 32	20 23	6	11 21	05 46	20	00 59	11 26	5	01 33	22 31
20	−10 50	−20 10	7	−11 07	−05 22	21	+01 11	+11 47	6	+01 22	+22 38
21	11 08	19 57	8	10 53	04 59	22	01 23	12 07	7	01 11	22 44
22	11 24	19 44	9	10 38	04 35	23	01 35	12 27	8	01 00	22 49
23	11 40	19 30	10	10 23	04 12	24	01 46	12 47	9	00 48	22 55
24	11 55	19 16	11	10 08	03 48	25	01 57	13 07	10	00 37	23 00
25	−12 10	−19 01	12	−09 52	−03 25	26	+02 07	+13 26	11	+00 25	+23 04
26	12 23	18 46	13	09 36	03 01	27	02 16	13 46	12	+00 12	23 08
27	12 36	18 31	14	09 20	02 38	28	02 25	14 05	13	00 00	23 12
28	12 48	18 16	15	09 03	02 14	29	02 34	14 23	14	−00 12	23 15
29	12 59	18 00	16	08 46	01 50	30	02 42	14 42	15	00 25	23 18
30	−13 10	−17 43	17	−08 29	−01 27	May 1	+02 50	+15 00	16	−00 38	+23 20
31	13 20	17 27	18	08 12	01 03	2	02 57	15 19	17	00 51	23 22
Feb. 1	13 28	17 10	19	07 54	00 39	3	03 03	15 36	18	01 04	23 24
2	13 36	16 53	20	07 37	−00 15	4	03 09	15 54	19	01 17	23 25
3	13 44	16 36	21	07 19	+00 08	5	03 14	16 11	20	01 30	23 26
4	−13 50	−16 18	22	−07 01	+00 32	6	+03 19	+16 28	21	−01 43	+23 26
5	13 55	16 00	23	06 43	00 56	7	03 24	16 45	22	01 56	23 26
6	14 00	15 41	24	06 25	01 19	8	03 27	17 02	23	02 09	23 26
7	14 04	15 23	25	06 07	01 43	9	03 31	17 18	24	02 22	23 25
8	14 07	15 04	26	05 49	02 07	10	03 33	17 34	25	02 35	23 24
9	−14 09	−14 45	27	−05 31	+02 30	11	+03 35	+17 49	26	−02 47	+23 22
10	14 11	14 26	28	05 13	02 54	12	03 37	18 05	27	03 00	23 20
11	14 12	14 06	29	04 55	03 17	13	03 38	18 20	28	03 13	23 17
12	14 11	13 46	30	04 37	03 40	14	03 38	18 34	29	03 25	23 14
13	14 11	13 26	31	04 19	04 04	15	03 38	18 49	30	03 37	23 11
14	−14 09	−13 06	Apr. 1	−04 01	+04 27	16	+03 37	+19 03	July 1	−03 49	+23 07
15	−14 07	−12 46	2	−03 43	+04 50	17	+03 36	+19 17	2	−04 01	+23 03

Equation of time = apparent time − mean time

AT 0^h UNIVERSAL TIME

Date	Equation of time (m s)	Declination (° ′)	Date	Equation of time (m s)	Declination (° ′)	Date	Equation of time (m s)	Declination (° ′)	Date	Equation of time (m s)	Declination (° ′)
July 1	−03 49	+23 07	Aug. 16	−04 24	+13 48	Oct. 1	+10 10	−03 06	Nov.16	+15 21	−18 40
2	04 01	23 03	17	04 12	13 29	2	10 29	03 29	17	15 10	18 55
3	04 12	22 59	18	03 59	13 10	3	10 48	03 52	18	14 58	19 10
4	04 23	22 54	19	03 45	12 51	4	11 07	04 15	19	14 45	19 24
5	04 34	22 48	20	03 31	12 31	5	11 25	04 39	20	14 32	19 38
6	−04 44	+22 42	21	−03 17	+12 11	6	+11 44	−05 02	21	+14 17	−19 51
7	04 54	22 36	22	03 02	11 51	7	12 01	05 25	22	14 02	20 04
8	05 04	22 30	23	02 47	11 31	8	12 19	05 48	23	13 46	20 17
9	05 13	22 23	24	02 31	11 11	9	12 35	06 10	24	13 29	20 30
10	05 21	22 16	25	02 15	10 50	10	12 52	06 33	25	13 12	20 42
11	−05 30	+22 08	26	−01 58	+10 29	11	+13 08	−06 56	26	+12 53	−20 53
12	05 38	22 00	27	01 41	10 08	12	13 23	07 18	27	12 34	21 05
13	05 45	21 51	28	01 24	09 47	13	13 38	07 41	28	12 14	21 15
14	05 52	21 43	29	01 06	09 26	14	13 53	08 03	29	11 54	21 26
15	05 58	21 33	30	00 48	09 05	15	14 07	08 26	30	11 33	21 36
16	−06 04	+21 24	31	−00 30	+08 43	16	+14 20	−08 48	Dec. 1	+11 11	−21 46
17	06 09	21 14	Sept. 1	−00 11	08 22	17	14 33	09 10	2	10 49	21 55
18	06 14	21 04	2	+00 08	08 00	18	14 45	09 32	3	10 26	22 04
19	06 19	20 53	3	00 27	07 38	19	14 57	09 53	4	10 02	22 12
20	06 23	20 42	4	00 47	07 16	20	15 08	10 15	5	09 38	22 20
21	−06 26	+20 31	5	+01 07	+06 54	21	+15 18	−10 37	6	+09 13	−22 28
22	06 29	20 19	6	01 27	06 31	22	15 27	10 58	7	08 48	22 35
23	06 31	20 07	7	01 47	06 09	23	15 36	11 19	8	08 22	22 41
24	06 32	19 55	8	02 08	05 47	24	15 45	11 40	9	07 56	22 47
25	06 34	19 42	9	02 29	05 24	25	15 52	12 01	10	07 29	22 53
26	−06 34	+19 29	10	+02 50	+05 01	26	+15 59	−12 21	11	+07 02	−22 58
27	06 34	19 16	11	03 11	04 39	27	16 05	12 42	12	06 34	23 03
28	06 33	19 02	12	03 32	04 16	28	16 10	13 02	13	06 06	23 08
29	06 32	18 48	13	03 53	03 53	29	16 15	13 22	14	05 38	23 12
30	06 30	18 34	14	04 15	03 30	30	16 19	13 42	15	05 10	23 15
31	−06 28	+18 19	15	+04 36	+03 07	31	+16 22	−14 02	16	+04 41	−23 18
Aug. 1	06 24	18 04	16	04 58	02 44	Nov. 1	16 24	14 21	17	04 12	23 21
2	06 21	17 49	17	05 19	02 21	2	16 26	14 40	18	03 42	23 23
3	06 16	17 34	18	05 41	01 58	3	16 26	14 59	19	03 13	23 24
4	06 11	17 18	19	06 02	01 34	4	16 26	15 18	20	02 43	23 25
5	−06 06	+17 02	20	+06 24	+01 11	5	+16 25	−15 36	21	+02 13	−23 26
6	05 59	16 45	21	06 45	00 48	6	16 24	15 54	22	01 43	23 26
7	05 53	16 29	22	07 06	00 24	7	16 21	16 12	23	01 13	23 26
8	05 45	16 12	23	07 27	+00 01	8	16 18	16 30	24	00 43	23 25
9	05 37	15 55	24	07 48	−00 22	9	16 14	16 47	25	+00 14	23 24
10	−05 28	+15 38	25	+08 09	−00 46	10	+16 09	−17 04	26	−00 16	−23 22
11	05 19	15 20	26	08 30	01 09	11	16 03	17 21	27	00 46	23 20
12	05 09	15 02	27	08 50	01 32	12	15 56	17 37	28	01 16	23 18
13	04 59	14 44	28	09 10	01 56	13	15 49	17 54	29	01 45	23 14
14	04 48	14 26	29	09 30	02 19	14	15 40	18 09	30	02 14	23 11
15	−04 36	+14 07	30	+09 50	−02 42	15	+15 31	−18 25	31	−02 43	−23 07
16	−04 24	+13 48	Oct. 1	+10 10	−03 06	16	+15 21	−18 40	32	−03 11	−23 02

$$\text{UT of transit} = 12^{\text{h}} \begin{array}{l} - \text{ east} \\ + \text{ west} \end{array} \text{longitude} - \text{equation of time}$$

CIRCUMPOLAR STARS, 2022

AT 0ʰ UNIVERSAL TIME

Date	Polaris GHA	σ Oct GHA	Date	Polaris GHA	σ Oct GHA	Date	Polaris GHA	σ Oct GHA	Date	Polaris GHA	σ Oct GHA
Jan. 0	54 31	138 12	Feb. 15	100 12	183 33	Apr. 1	144 51	227 46	May 17	190 13	272 54
1	55 30	139 11	16	101 11	184 32	2	145 50	228 45	18	191 12	273 53
2	56 30	140 10	17	102 11	185 31	3	146 49	229 44	19	192 11	274 52
3	57 29	141 09	18	103 11	186 30	4	147 49	230 43	20	193 10	275 50
4	58 29	142 09	19	104 10	187 29	5	148 48	231 42	21	194 09	276 49
5	59 28	143 08	20	105 10	188 28	6	149 47	232 41	22	195 08	277 48
6	60 28	144 07	21	106 10	189 27	7	150 47	233 40	23	196 07	278 47
7	61 27	145 06	22	107 09	190 26	8	151 46	234 39	24	197 06	279 46
8	62 27	146 05	23	108 09	191 25	9	152 45	235 38	25	198 05	280 45
9	63 27	147 05	24	109 08	192 24	10	153 45	236 37	26	199 04	281 43
10	64 26	148 04	25	110 08	193 23	11	154 44	237 35	27	200 03	282 42
11	65 26	149 03	26	111 07	194 22	12	155 43	238 34	28	201 01	283 41
12	66 25	150 02	27	112 07	195 21	13	156 43	239 33	29	202 00	284 40
13	67 25	151 02	28	113 06	196 20	14	157 42	240 32	30	202 59	285 39
14	68 24	152 01	Mar. 1	114 06	197 19	15	158 41	241 31	31	203 58	286 38
15	69 24	153 00	2	115 06	198 18	16	159 41	242 30	June 1	204 57	287 37
16	70 23	153 59	3	116 05	199 17	17	160 40	243 29	2	205 56	288 35
17	71 23	154 58	4	117 05	200 16	18	161 39	244 27	3	206 54	289 34
18	72 22	155 58	5	118 05	201 15	19	162 38	245 26	4	207 53	290 33
19	73 22	156 57	6	119 04	202 14	20	163 37	246 25	5	208 52	291 32
20	74 22	157 56	7	120 04	203 13	21	164 36	247 24	6	209 51	292 31
21	75 21	158 55	8	121 03	204 12	22	165 36	248 23	7	210 50	293 30
22	76 21	159 54	9	122 03	205 11	23	166 35	249 22	8	211 49	294 28
23	77 21	160 53	10	123 02	206 10	24	167 34	250 21	9	212 48	295 27
24	78 20	161 53	11	124 02	207 09	25	168 33	251 19	10	213 46	296 26
25	79 20	162 52	12	125 01	208 08	26	169 32	252 18	11	214 45	297 25
26	80 19	163 51	13	126 01	209 07	27	170 32	253 17	12	215 44	298 24
27	81 19	164 50	14	127 00	210 06	28	171 31	254 16	13	216 43	299 23
28	82 19	165 49	15	128 00	211 05	29	172 30	255 15	14	217 41	300 22
29	83 18	166 49	16	128 59	212 04	30	173 29	256 14	15	218 40	301 21
30	84 18	167 48	17	129 59	213 03	May 1	174 28	257 13	16	219 39	302 20
31	85 17	168 47	18	130 59	214 02	2	175 27	258 11	17	220 38	303 18
Feb. 1	86 17	169 46	19	131 58	215 01	3	176 26	259 10	18	221 36	304 17
2	87 16	170 45	20	132 58	216 00	4	177 26	260 09	19	222 35	305 16
3	88 16	171 44	21	133 57	216 59	5	178 25	261 08	20	223 34	306 15
4	89 16	172 43	22	134 56	217 58	6	179 24	262 07	21	224 33	307 14
5	90 16	173 42	23	135 56	218 57	7	180 23	263 06	22	225 32	308 13
6	91 15	174 41	24	136 55	219 55	8	181 22	264 04	23	226 30	309 12
7	92 15	175 40	25	137 55	220 54	9	182 21	265 03	24	227 29	310 11
8	93 14	176 40	26	138 54	221 53	10	183 20	266 02	25	228 28	311 09
9	94 14	177 39	27	139 53	222 52	11	184 19	267 01	26	229 26	312 08
10	95 14	178 38	28	140 53	223 51	12	185 18	268 00	27	230 25	313 07
11	96 13	179 37	29	141 52	224 50	13	186 17	268 59	28	231 24	314 06
12	97 13	180 36	30	142 52	225 49	14	187 16	269 57	29	232 22	315 05
13	98 12	181 35	31	143 51	226 48	15	188 15	270 56	30	233 21	316 04
14	99 12	182 34	Apr. 1	144 51	227 46	16	189 14	271 55	July 1	234 20	317 03
15	100 12	183 33	2	145 50	228 45	17	190 13	272 54	2	235 18	318 02

The dates between Jan. 0 and Dec. 32 below are the dates when p changes to the next value.

Polar Distance (p) Polaris: Jan. 0 38′ Apr. 20 39′ Oct. 24 38′ Dec. 32
σ Octantis: Jan. 0 68′ Dec. 32

AT 0^h UNIVERSAL TIME

Date	Polaris GHA	σ Oct GHA	Date	Polaris GHA	σ Oct GHA	Date	Polaris GHA	σ Oct GHA	Date	Polaris GHA	σ Oct GHA
July 1	234 20	317 03	Aug. 16	279 17	2 17	Oct. 1	324 16	47 41	Nov. 16	9 27	93 13
2	235 18	318 02	17	280 16	3 16	2	325 15	48 41	17	10 26	94 12
3	236 17	319 01	18	281 15	4 15	3	326 14	49 40	18	11 25	95 11
4	237 16	320 00	19	282 13	5 14	4	327 13	50 39	19	12 24	96 11
5	238 15	320 58	20	283 12	6 14	5	328 11	51 39	20	13 24	97 10
6	239 13	321 57	21	284 10	7 13	6	329 10	52 38	21	14 23	98 10
7	240 12	322 56	22	285 09	8 12	7	330 09	53 37	22	15 22	99 09
8	241 11	323 55	23	286 07	9 11	8	331 08	54 37	23	16 21	100 09
9	242 09	324 54	24	287 06	10 10	9	332 07	55 36	24	17 20	101 08
10	243 08	325 53	25	288 05	11 09	10	333 06	56 35	25	18 19	102 07
11	244 07	326 52	26	289 03	12 08	11	334 05	57 35	26	19 18	103 07
12	245 05	327 51	27	290 02	13 08	12	335 03	58 34	27	20 17	104 06
13	246 04	328 50	28	291 01	14 07	13	336 02	59 33	28	21 17	105 05
14	247 02	329 49	29	291 59	15 06	14	337 01	60 33	29	22 16	106 05
15	248 01	330 48	30	292 58	16 05	15	338 00	61 32	30	23 15	107 04
16	249 00	331 47	31	293 57	17 04	16	338 58	62 32	Dec. 1	24 14	108 03
17	249 58	332 46	Sept. 1	294 55	18 04	17	339 57	63 31	2	25 14	109 03
18	250 57	333 45	2	295 54	19 03	18	340 56	64 30	3	26 13	110 02
19	251 56	334 44	3	296 53	20 02	19	341 55	65 30	4	27 12	111 02
20	252 55	335 43	4	297 51	21 01	20	342 54	66 29	5	28 12	112 01
21	253 53	336 42	5	298 50	22 00	21	343 53	67 28	6	29 11	113 00
22	254 52	337 41	6	299 48	23 00	22	344 52	68 28	7	30 10	114 00
23	255 50	338 40	7	300 47	23 59	23	345 51	69 27	8	31 09	114 59
24	256 49	339 39	8	301 46	24 58	24	346 50	70 27	9	32 08	115 59
25	257 47	340 38	9	302 45	25 57	25	347 49	71 26	10	33 08	116 58
26	258 46	341 37	10	303 43	26 56	26	348 48	72 25	11	34 07	117 57
27	259 45	342 36	11	304 42	27 56	27	349 47	73 25	12	35 06	118 57
28	260 43	343 35	12	305 41	28 55	28	350 45	74 24	13	36 06	119 56
29	261 42	344 34	13	306 39	29 54	29	351 44	75 24	14	37 05	120 55
30	262 41	345 33	14	307 38	30 53	30	352 43	76 23	15	38 05	121 55
31	263 39	346 32	15	308 37	31 53	31	353 42	77 22	16	39 04	122 54
Aug. 1	264 38	347 31	16	309 35	32 52	Nov. 1	354 41	78 22	17	40 03	123 53
2	265 37	348 30	17	310 34	33 51	2	355 40	79 21	18	41 03	124 53
3	266 35	349 29	18	311 33	34 50	3	356 39	80 20	19	42 02	125 52
4	267 34	350 28	19	312 31	35 50	4	357 38	81 20	20	43 02	126 51
5	268 33	351 27	20	313 30	36 49	5	358 37	82 19	21	44 01	127 51
6	269 31	352 26	21	314 29	37 48	6	359 36	83 19	22	45 00	128 50
7	270 30	353 25	22	315 28	38 47	7	0 35	84 18	23	46 00	129 49
8	271 28	354 24	23	316 26	39 47	8	1 34	85 18	24	46 59	130 49
9	272 27	355 24	24	317 25	40 46	9	2 33	86 17	25	47 58	131 48
10	273 25	356 23	25	318 24	41 45	10	3 32	87 16	26	48 58	132 47
11	274 24	357 22	26	319 23	42 45	11	4 31	88 16	27	49 57	133 46
12	275 23	358 21	27	320 22	43 44	12	5 30	89 15	28	50 57	134 46
13	276 21	359 20	28	321 20	44 43	13	6 29	90 15	29	51 56	135 45
14	277 20	0 19	29	322 19	45 43	14	7 29	91 14	30	52 56	136 44
15	278 19	1 18	30	323 18	46 42	15	8 28	92 13	31	53 55	137 43
16	279 17	2 17	Oct. 1	324 16	47 41	16	9 27	93 13	32	54 55	138 43

Form the quantities $C = p \cos$ (local hour angle)   and $S = p \sin$ (local hour angle)   then
Latitude $= h_0 - C + 0 \cdot 0087\, S^2 \tan h_0$,
Azimuth of *Polaris* $= -S/\cos h_0$ and   Azimuth of σ Octantis $= 180° + S/\cos h_0$,   where p and h_0 are in degrees and h_0 is the observed altitude corrected for atmospheric refraction and instrument error.

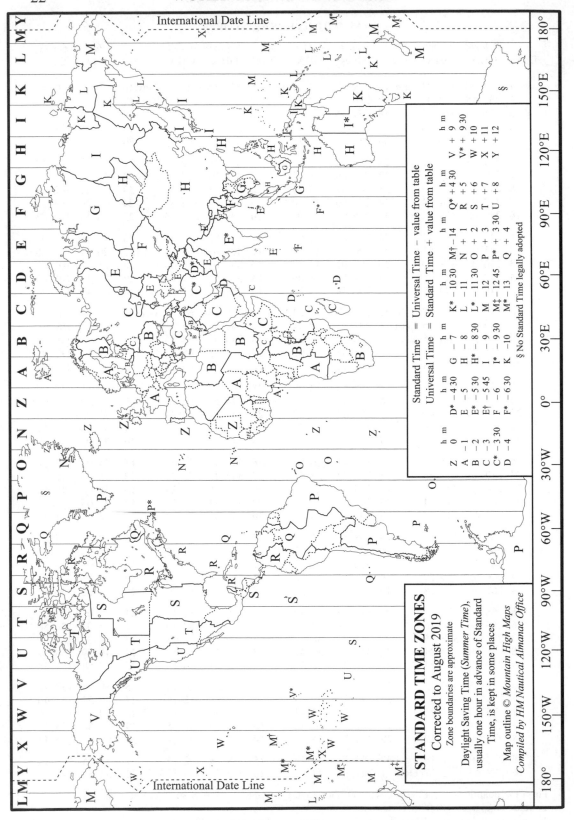

The times of sunrise and sunset (pages 24–31) and of moonrise and moonset (pages 32–63) are the instants when the upper limbs of the Sun and Moon appear to lie on the horizon for an observer at sea-level. In both cases a fixed allowance of 34′ has been made for refraction; a further allowance of 16′ has been made for the semidiameter of the Sun, while for the Moon the actual value of semidiameter *minus* horizontal parallax has been used. No allowance has been made for the phase of the Moon. The observed times may differ from the tabular times because of variations in refraction and the relative heights of the observer and horizon.

The tabular values are for the universal time (UT) of the phenomena on the Greenwich meridian (longitude 0°). To a first approximation the UT at another longitude is given by subtracting the longitude, expressed in time-measure, if east of Greenwich, or by adding, if west of Greenwich. Alternatively the tables may be regarded as giving the approximate local mean time on all meridians. These times may be converted to standard time by applying the appropriate differences, as indicated in the note on page 4. Linear interpolation may be used to obtain the times for non-tabular latitudes.

In the case of the Sun it may be necessary to interpolate (mentally) to obtain the UT for an intermediate date, but a further interpolation for longitude is not normally required. In the case of the Moon the values must normally be interpolated for longitude, as well as for latitude, since the changes in the tabular values from one day to the next are usually large. The interpolating factor is equal to one twenty-fourth of the longitude if expressed in hours and decimals of an hour; linear interpolation is usually adequate.

Example

To find the times of sunrise and sunset and of moonrise and moonset on 2022 February 14 at latitude N 38° 55′, longitude W 77° 15′. The longitude expressed in time-measure is W 05^h 09^m. The difference between standard time and UT is −5^h in this case.

The relevant tabular values in UT for longitude 0° are as follows:

	Sunrise		Sunset			Moonrise		Moonset	
	+35°	+40°	+35°	+40°		+35°	+40°	+35°	+40°
d	h m	h m	h m	h m	d	h m	h m	h m	h m
Feb. 11	06 50	06 58	17 39	17 31	**Feb. 14**	15 31	15 16	05 39	05 55
15	06 46	06 53	17 43	17 36	**15**	16 32	16 19	06 20	06 34

Interpolating factor for latitude is 3° 55′/ 5°   = 0·78
for date for Sun is 3^d/4^d = 0·75
for long. for Moon is 5^h 15/24^h = 0·21

	Sunrise	Sunset		Moonrise	Moonset
	d h m	h m		d h m	h m
Interpolation to:					
Latitude N 38° 55′	**Feb. 11** 06 56	17 33	**Feb. 14**	15 19	05 51
N 38° 55′	**15** 06 51	17 38	**15**	16 22	06 31
Local mean time	**14** 06 52	17 37	**14**	15 32	05 59
Adjustment to:					
Universal time	**14** 12 01	22 46	**14**	20 41	11 08
Standard time	**14** 07 01	17 46	**14**	15 41	06 08

SUNRISE AND SUNSET, 2022

UNIVERSAL TIME FOR MERIDIAN OF GREENWICH

SUNRISE

Lat.	−55°	−50°	−45°	−40°	−35°	−30°	−20°	−10°	0°	+10°	+20°	+30°	+35°	+40°
	h m	h m	h m	h m	h m	h m	h m	h m	h m	h m	h m	h m	h m	h m
Jan. −2	3 23	3 52	4 15	4 32	4 47	5 00	5 22	5 41	5 58	6 16	6 34	6 55	7 07	7 21
2	3 27	3 56	4 18	4 36	4 50	5 03	5 25	5 43	6 00	6 17	6 35	6 56	7 08	7 22
6	3 33	4 01	4 22	4 39	4 54	5 06	5 27	5 45	6 02	6 19	6 37	6 57	7 09	7 22
10	3 39	4 06	4 27	4 43	4 57	5 09	5 30	5 47	6 04	6 20	6 37	6 57	7 08	7 22
14	3 46	4 12	4 32	4 48	5 01	5 13	5 32	5 50	6 05	6 21	6 38	6 57	7 08	7 20
18	3 53	4 18	4 37	4 52	5 05	5 16	5 35	5 52	6 07	6 22	6 38	6 56	7 07	7 19
22	4 01	4 24	4 42	4 57	5 09	5 20	5 38	5 53	6 08	6 22	6 38	6 55	7 05	7 16
26	4 10	4 31	4 48	5 02	5 13	5 23	5 40	5 55	6 09	6 23	6 37	6 53	7 03	7 14
30	4 18	4 38	4 54	5 06	5 17	5 27	5 43	5 57	6 10	6 23	6 36	6 51	7 00	7 10
Feb. 3	4 27	4 45	5 00	5 11	5 21	5 30	5 45	5 58	6 10	6 22	6 35	6 49	6 57	7 07
7	4 35	4 52	5 05	5 16	5 26	5 34	5 48	6 00	6 11	6 22	6 33	6 46	6 54	7 03
11	4 44	4 59	5 11	5 21	5 30	5 37	5 50	6 01	6 11	6 21	6 31	6 43	6 50	6 58
15	4 53	5 06	5 17	5 26	5 34	5 40	5 52	6 02	6 11	6 20	6 29	6 40	6 46	6 53
19	5 01	5 13	5 23	5 31	5 38	5 43	5 54	6 02	6 10	6 18	6 27	6 36	6 42	6 48
23	5 10	5 20	5 29	5 35	5 41	5 46	5 55	6 03	6 10	6 17	6 24	6 32	6 37	6 42
27	5 18	5 27	5 34	5 40	5 45	5 49	5 57	6 03	6 09	6 15	6 21	6 28	6 32	6 37
Mar. 3	5 27	5 34	5 40	5 44	5 49	5 52	5 58	6 04	6 09	6 13	6 18	6 24	6 27	6 31
7	5 35	5 41	5 45	5 49	5 52	5 55	6 00	6 04	6 08	6 11	6 15	6 19	6 22	6 24
11	5 43	5 47	5 50	5 53	5 56	5 58	6 01	6 04	6 07	6 09	6 12	6 15	6 16	6 18
15	5 51	5 54	5 56	5 57	5 59	6 00	6 02	6 04	6 06	6 07	6 09	6 10	6 11	6 12
19	5 59	6 00	6 01	6 02	6 02	6 03	6 03	6 04	6 04	6 05	6 05	6 05	6 05	6 05
23	6 07	6 06	6 06	6 06	6 05	6 05	6 05	6 04	6 03	6 03	6 02	6 00	6 00	5 59
27	6 14	6 13	6 11	6 10	6 09	6 08	6 06	6 04	6 02	6 00	5 58	5 56	5 54	5 52
31	6 22	6 19	6 16	6 14	6 12	6 10	6 07	6 04	6 01	5 58	5 55	5 51	5 48	5 46
Apr. 4	6 30	6 25	6 21	6 18	6 15	6 12	6 08	6 04	6 00	5 56	5 51	5 46	5 43	5 39

SUNSET

Lat.	−55°	−50°	−45°	−40°	−35°	−30°	−20°	−10°	0°	+10°	+20°	+30°	+35°	+40°
	h m	h m	h m	h m	h m	h m	h m	h m	h m	h m	h m	h m	h m	h m
Jan. −2	20 41	20 12	19 49	19 32	19 17	19 04	18 42	18 23	18 06	17 49	17 30	17 09	16 57	16 43
2	20 40	20 11	19 50	19 32	19 17	19 05	18 43	18 25	18 08	17 51	17 33	17 12	17 00	16 46
6	20 38	20 10	19 49	19 32	19 18	19 05	18 44	18 26	18 10	17 53	17 35	17 15	17 03	16 50
10	20 35	20 08	19 48	19 31	19 18	19 05	18 45	18 28	18 11	17 55	17 38	17 18	17 07	16 54
14	20 31	20 06	19 46	19 30	19 17	19 05	18 45	18 28	18 13	17 57	17 40	17 22	17 11	16 58
18	20 26	20 02	19 43	19 28	19 15	19 04	18 45	18 29	18 14	17 59	17 43	17 25	17 14	17 02
22	20 21	19 58	19 40	19 26	19 14	19 03	18 45	18 30	18 15	18 01	17 46	17 28	17 18	17 07
26	20 14	19 53	19 36	19 23	19 11	19 01	18 44	18 30	18 16	18 03	17 48	17 32	17 22	17 12
30	20 07	19 47	19 32	19 19	19 09	18 59	18 43	18 30	18 17	18 04	17 51	17 35	17 27	17 17
Feb. 3	20 00	19 41	19 27	19 16	19 06	18 57	18 42	18 29	18 17	18 05	17 53	17 39	17 31	17 21
7	19 51	19 35	19 22	19 11	19 02	18 54	18 40	18 29	18 18	18 07	17 55	17 42	17 35	17 26
11	19 43	19 28	19 16	19 07	18 58	18 51	18 38	18 28	18 18	18 08	17 57	17 45	17 39	17 31
15	19 34	19 21	19 10	19 01	18 54	18 47	18 36	18 26	18 17	18 09	17 59	17 49	17 43	17 36
19	19 25	19 13	19 04	18 56	18 49	18 44	18 34	18 25	18 17	18 09	18 01	17 52	17 46	17 40
23	19 15	19 05	18 57	18 50	18 45	18 40	18 31	18 24	18 17	18 10	18 03	17 55	17 50	17 45
27	19 06	18 57	18 50	18 45	18 40	18 35	18 28	18 22	18 16	18 10	18 04	17 58	17 54	17 49
Mar. 3	18 56	18 49	18 43	18 39	18 35	18 31	18 25	18 20	18 15	18 11	18 06	18 00	17 57	17 54
7	18 46	18 40	18 36	18 32	18 29	18 27	18 22	18 18	18 14	18 11	18 07	18 03	18 01	17 58
11	18 36	18 32	18 29	18 26	18 24	18 22	18 19	18 16	18 13	18 11	18 08	18 06	18 04	18 02
15	18 26	18 23	18 21	18 20	18 18	18 17	18 15	18 14	18 12	18 11	18 10	18 08	18 07	18 07
19	18 15	18 15	18 14	18 13	18 13	18 12	18 12	18 11	18 11	18 11	18 11	18 11	18 11	18 11
23	18 05	18 06	18 06	18 07	18 07	18 08	18 08	18 09	18 10	18 11	18 12	18 13	18 14	18 15
27	17 55	17 57	17 59	18 00	18 02	18 03	18 05	18 07	18 09	18 11	18 13	18 16	18 17	18 19
31	17 45	17 49	17 51	17 54	17 56	17 58	18 01	18 04	18 07	18 11	18 14	18 18	18 20	18 23
Apr. 4	17 35	17 40	17 44	17 47	17 50	17 53	17 58	18 02	18 06	18 10	18 15	18 20	18 24	18 27

UNIVERSAL TIME FOR MERIDIAN OF GREENWICH
SUNRISE

Lat.	+40°	+42°	+44°	+46°	+48°	+50°	+52°	+54°	+56°	+58°	+60°	+62°	+64°	+66°
	h m	h m	h m	h m	h m	h m	h m	h m	h m	h m	h m	h m	h m	h m
Jan. −2	7 21	7 28	7 34	7 42	7 50	7 58	8 08	8 19	8 32	8 46	9 03	9 24	9 52	10 32
2	7 22	7 28	7 35	7 42	7 50	7 58	8 08	8 19	8 31	8 45	9 02	9 22	9 48	10 26
6	7 22	7 28	7 35	7 42	7 49	7 58	8 07	8 17	8 29	8 43	8 59	9 18	9 43	10 17
10	7 22	7 27	7 34	7 40	7 48	7 56	8 05	8 15	8 26	8 39	8 55	9 13	9 36	10 07
14	7 20	7 26	7 32	7 39	7 46	7 53	8 02	8 12	8 22	8 35	8 49	9 06	9 28	9 56
18	7 19	7 24	7 30	7 36	7 43	7 50	7 58	8 07	8 18	8 29	8 43	8 59	9 18	9 44
22	7 16	7 22	7 27	7 33	7 39	7 46	7 54	8 02	8 12	8 23	8 35	8 50	9 08	9 31
26	7 14	7 18	7 24	7 29	7 35	7 42	7 49	7 57	8 06	8 16	8 27	8 41	8 57	9 17
30	7 10	7 15	7 20	7 25	7 30	7 36	7 43	7 50	7 59	8 08	8 19	8 31	8 45	9 03
Feb. 3	7 07	7 11	7 15	7 20	7 25	7 31	7 37	7 44	7 51	8 00	8 09	8 20	8 33	8 49
7	7 03	7 06	7 10	7 15	7 19	7 24	7 30	7 36	7 43	7 51	7 59	8 09	8 21	8 35
11	6 58	7 01	7 05	7 09	7 13	7 18	7 23	7 28	7 34	7 41	7 49	7 58	8 08	8 20
15	6 53	6 56	6 59	7 03	7 07	7 11	7 15	7 20	7 25	7 31	7 38	7 46	7 55	8 06
19	6 48	6 50	6 53	6 56	7 00	7 03	7 07	7 11	7 16	7 21	7 27	7 34	7 42	7 51
23	6 42	6 45	6 47	6 50	6 53	6 56	6 59	7 03	7 07	7 11	7 16	7 22	7 28	7 36
27	6 37	6 38	6 41	6 43	6 45	6 48	6 50	6 53	6 57	7 00	7 04	7 09	7 14	7 21
Mar. 3	6 31	6 32	6 34	6 36	6 37	6 39	6 42	6 44	6 47	6 50	6 53	6 57	7 01	7 06
7	6 24	6 26	6 27	6 28	6 30	6 31	6 33	6 34	6 36	6 39	6 41	6 44	6 47	6 50
11	6 18	6 19	6 20	6 21	6 22	6 23	6 24	6 25	6 26	6 28	6 29	6 31	6 33	6 35
15	6 12	6 12	6 13	6 13	6 13	6 14	6 14	6 15	6 16	6 16	6 16	6 17	6 18	6 19	6 20
19	6 05	6 05	6 05	6 05	6 05	6 05	6 05	6 05	6 05	6 05	6 05	6 05	6 05	6 05
23	5 59	5 58	5 58	5 58	5 57	5 57	5 56	5 55	5 55	5 54	5 53	5 52	5 51	5 49
27	5 52	5 52	5 51	5 50	5 49	5 48	5 47	5 45	5 44	5 42	5 41	5 39	5 36	5 34
31	5 46	5 45	5 43	5 42	5 41	5 39	5 37	5 36	5 34	5 31	5 29	5 26	5 22	5 18
Apr. 4	5 39	5 38	5 36	5 35	5 33	5 31	5 28	5 26	5 23	5 20	5 17	5 13	5 08	5 03

SUNSET

Lat.	+40°	+42°	+44°	+46°	+48°	+50°	+52°	+54°	+56°	+58°	+60°	+62°	+64°	+66°
	h m	h m	h m	h m	h m	h m	h m	h m	h m	h m	h m	h m	h m	h m
Jan. −2	16 43	16 37	16 30	16 23	16 15	16 06	15 56	15 45	15 33	15 18	15 01	14 40	14 13	13 32
2	16 46	16 40	16 33	16 26	16 18	16 10	16 00	15 50	15 37	15 23	15 07	14 46	14 20	13 42
6	16 50	16 44	16 37	16 30	16 23	16 14	16 05	15 55	15 43	15 29	15 13	14 54	14 29	13 55
10	16 54	16 48	16 42	16 35	16 28	16 19	16 11	16 01	15 49	15 36	15 21	15 02	14 39	14 08
14	16 58	16 52	16 46	16 40	16 33	16 25	16 17	16 07	15 56	15 44	15 29	15 12	14 51	14 23
18	17 02	16 57	16 51	16 45	16 38	16 31	16 23	16 14	16 04	15 52	15 39	15 23	15 03	14 38
22	17 07	17 02	16 57	16 51	16 44	16 37	16 30	16 21	16 12	16 01	15 48	15 34	15 16	14 53
26	17 12	17 07	17 02	16 56	16 50	16 44	16 37	16 29	16 20	16 10	15 58	15 45	15 29	15 09
30	17 17	17 12	17 07	17 02	16 57	16 51	16 44	16 37	16 29	16 19	16 09	15 56	15 42	15 24
Feb. 3	17 21	17 17	17 13	17 08	17 03	16 58	16 51	16 45	16 37	16 29	16 19	16 08	15 55	15 39
7	17 26	17 22	17 18	17 14	17 09	17 04	16 59	16 53	16 46	16 38	16 30	16 20	16 08	15 55
11	17 31	17 28	17 24	17 20	17 16	17 11	17 06	17 01	16 55	16 48	16 40	16 32	16 21	16 09
15	17 36	17 33	17 29	17 26	17 22	17 18	17 14	17 09	17 04	16 58	16 51	16 43	16 34	16 24
19	17 40	17 38	17 35	17 32	17 29	17 25	17 21	17 17	17 12	17 07	17 01	16 55	16 47	16 38
23	17 45	17 43	17 40	17 38	17 35	17 32	17 29	17 25	17 21	17 17	17 12	17 06	17 00	16 52
27	17 49	17 48	17 46	17 43	17 41	17 39	17 36	17 33	17 30	17 26	17 22	17 17	17 12	17 06
Mar. 3	17 54	17 52	17 51	17 49	17 47	17 45	17 43	17 41	17 38	17 35	17 32	17 29	17 24	17 20
7	17 58	17 57	17 56	17 55	17 53	17 52	17 50	17 49	17 47	17 45	17 42	17 40	17 37	17 33
11	18 02	18 02	18 01	18 00	17 59	17 58	17 57	17 56	17 55	17 54	17 52	17 51	17 49	17 46
15	18 07	18 06	18 06	18 06	18 05	18 05	18 04	18 04	18 03	18 03	18 02	18 01	18 01	18 00
19	18 11	18 11	18 11	18 11	18 11	18 11	18 11	18 11	18 12	18 12	18 12	18 12	18 12	18 13
23	18 15	18 15	18 16	18 16	18 17	18 18	18 18	18 19	18 20	18 21	18 22	18 23	18 24	18 26
27	18 19	18 20	18 21	18 22	18 23	18 24	18 25	18 26	18 28	18 30	18 31	18 34	18 36	18 39
31	18 23	18 24	18 26	18 27	18 29	18 30	18 32	18 34	18 36	18 38	18 41	18 44	18 48	18 52
Apr. 4	18 27	18 29	18 30	18 32	18 34	18 36	18 39	18 41	18 44	18 47	18 51	18 55	19 00	19 05

SUNRISE AND SUNSET, 2022

UNIVERSAL TIME FOR MERIDIAN OF GREENWICH

SUNRISE

Lat.	−55°	−50°	−45°	−40°	−35°	−30°	−20°	−10°	0°	+10°	+20°	+30°	+35°	+40°
	h m	h m	h m	h m	h m	h m	h m	h m	h m	h m	h m	h m	h m	h m
Mar. 31	6 22	6 19	6 16	6 14	6 12	6 10	6 07	6 04	6 01	5 58	5 55	5 51	5 48	5 46
Apr. 4	6 30	6 25	6 21	6 18	6 15	6 12	6 08	6 04	6 00	5 56	5 51	5 46	5 43	5 39
8	6 38	6 31	6 26	6 22	6 18	6 15	6 09	6 04	5 59	5 53	5 48	5 41	5 38	5 33
12	6 45	6 38	6 31	6 26	6 21	6 17	6 10	6 04	5 57	5 51	5 45	5 37	5 32	5 27
16	6 53	6 44	6 36	6 30	6 24	6 20	6 11	6 04	5 56	5 49	5 41	5 32	5 27	5 21
20	7 01	6 50	6 41	6 34	6 28	6 22	6 12	6 04	5 56	5 47	5 38	5 28	5 22	5 15
24	7 08	6 56	6 46	6 38	6 31	6 25	6 14	6 04	5 55	5 45	5 35	5 24	5 17	5 09
28	7 16	7 02	6 51	6 42	6 34	6 27	6 15	6 04	5 54	5 44	5 33	5 20	5 13	5 04
May 2	7 23	7 08	6 56	6 46	6 37	6 30	6 16	6 05	5 54	5 42	5 30	5 16	5 08	4 59
6	7 31	7 14	7 01	6 50	6 40	6 32	6 18	6 05	5 53	5 41	5 28	5 13	5 04	4 54
10	7 38	7 20	7 05	6 54	6 44	6 35	6 19	6 06	5 53	5 40	5 26	5 10	5 01	4 50
14	7 45	7 25	7 10	6 57	6 47	6 37	6 21	6 06	5 53	5 39	5 24	5 07	4 57	4 46
18	7 51	7 31	7 14	7 01	6 50	6 40	6 22	6 07	5 53	5 38	5 23	5 05	4 54	4 42
22	7 58	7 36	7 19	7 05	6 53	6 42	6 24	6 08	5 53	5 38	5 22	5 03	4 52	4 39
26	8 04	7 41	7 23	7 08	6 55	6 44	6 26	6 09	5 53	5 38	5 21	5 01	4 50	4 36
30	8 09	7 45	7 26	7 11	6 58	6 47	6 27	6 10	5 54	5 38	5 20	5 00	4 48	4 34
June 3	8 14	7 49	7 30	7 14	7 00	6 49	6 29	6 11	5 55	5 38	5 20	4 59	4 47	4 33
7	8 18	7 52	7 32	7 16	7 03	6 51	6 30	6 12	5 55	5 38	5 20	4 58	4 46	4 31
11	8 22	7 55	7 35	7 18	7 04	6 52	6 31	6 13	5 56	5 39	5 20	4 58	4 46	4 31
15	8 24	7 58	7 37	7 20	7 06	6 54	6 33	6 14	5 57	5 39	5 20	4 59	4 46	4 31
19	8 26	7 59	7 38	7 22	7 07	6 55	6 34	6 15	5 58	5 40	5 21	4 59	4 46	4 31
23	8 27	8 00	7 39	7 22	7 08	6 56	6 35	6 16	5 59	5 41	5 22	5 00	4 47	4 32
27	8 27	8 00	7 40	7 23	7 09	6 56	6 35	6 17	5 59	5 42	5 23	5 01	4 48	4 33
July 1	8 26	8 00	7 39	7 23	7 09	6 57	6 36	6 17	6 00	5 43	5 24	5 02	4 50	4 35
5	8 24	7 58	7 38	7 22	7 08	6 56	6 36	6 18	6 01	5 44	5 26	5 04	4 52	4 37

SUNSET

Lat.	−55°	−50°	−45°	−40°	−35°	−30°	−20°	−10°	0°	+10°	+20°	+30°	+35°	+40°
	h m	h m	h m	h m	h m	h m	h m	h m	h m	h m	h m	h m	h m	h m
Mar. 31	17 45	17 49	17 51	17 54	17 56	17 58	18 01	18 04	18 07	18 11	18 14	18 18	18 20	18 23
Apr. 4	17 35	17 40	17 44	17 47	17 50	17 53	17 58	18 02	18 06	18 10	18 15	18 20	18 24	18 27
8	17 25	17 32	17 37	17 41	17 45	17 49	17 55	18 00	18 05	18 10	18 16	18 23	18 27	18 31
12	17 15	17 23	17 30	17 35	17 40	17 44	17 51	17 58	18 04	18 10	18 17	18 25	18 30	18 35
16	17 06	17 15	17 23	17 29	17 35	17 40	17 48	17 56	18 03	18 11	18 19	18 28	18 33	18 39
20	16 56	17 07	17 16	17 23	17 30	17 35	17 45	17 54	18 02	18 11	18 20	18 30	18 36	18 43
24	16 47	17 00	17 10	17 18	17 25	17 31	17 42	17 52	18 02	18 11	18 21	18 33	18 40	18 47
28	16 39	16 52	17 03	17 13	17 21	17 28	17 40	17 51	18 01	18 11	18 22	18 35	18 43	18 52
May 2	16 30	16 45	16 58	17 08	17 16	17 24	17 37	17 49	18 00	18 12	18 24	18 38	18 46	18 56
6	16 22	16 39	16 52	17 03	17 13	17 21	17 35	17 48	18 00	18 12	18 25	18 41	18 49	19 00
10	16 15	16 33	16 47	16 59	17 09	17 18	17 33	17 47	18 00	18 13	18 27	18 43	18 53	19 04
14	16 07	16 27	16 42	16 55	17 06	17 15	17 32	17 46	18 00	18 14	18 29	18 46	18 56	19 07
18	16 01	16 22	16 38	16 52	17 03	17 13	17 30	17 46	18 00	18 15	18 30	18 48	18 59	19 11
22	15 55	16 17	16 34	16 49	17 01	17 11	17 29	17 45	18 00	18 15	18 32	18 51	19 02	19 15
26	15 50	16 13	16 31	16 46	16 59	17 10	17 28	17 45	18 01	18 16	18 33	18 53	19 05	19 18
30	15 46	16 10	16 29	16 44	16 57	17 08	17 28	17 45	18 01	18 17	18 35	18 55	19 07	19 21
June 3	15 42	16 07	16 27	16 42	16 56	17 08	17 28	17 45	18 02	18 19	18 37	18 58	19 10	19 24
7	15 39	16 05	16 25	16 41	16 55	17 07	17 28	17 46	18 03	18 20	18 38	18 59	19 12	19 27
11	15 37	16 04	16 24	16 41	16 55	17 07	17 28	17 46	18 03	18 21	18 39	19 01	19 14	19 29
15	15 36	16 03	16 24	16 41	16 55	17 07	17 28	17 47	18 04	18 22	18 41	19 03	19 16	19 31
19	15 36	16 04	16 24	16 41	16 55	17 08	17 29	17 48	18 05	18 23	18 42	19 04	19 17	19 32
23	15 37	16 05	16 25	16 42	16 56	17 09	17 30	17 48	18 06	18 24	18 43	19 05	19 18	19 33
27	15 39	16 06	16 27	16 43	16 58	17 10	17 31	17 49	18 07	18 24	18 43	19 05	19 18	19 33
July 1	15 42	16 08	16 29	16 45	16 59	17 11	17 32	17 50	18 08	18 25	18 44	19 05	19 18	19 33
5	15 45	16 11	16 31	16 47	17 01	17 13	17 33	17 51	18 08	18 25	18 44	19 05	19 18	19 32

UNIVERSAL TIME FOR MERIDIAN OF GREENWICH

SUNRISE

Lat.	+40°	+42°	+44°	+46°	+48°	+50°	+52°	+54°	+56°	+58°	+60°	+62°	+64°	+66°
	h m	h m	h m	h m	h m	h m	h m	h m	h m	h m	h m	h m	h m	h m
Mar. 31	5 46	5 45	5 43	5 42	5 41	5 39	5 37	5 36	5 34	5 31	5 29	5 26	5 22	5 18
Apr. 4	5 39	5 38	5 36	5 35	5 33	5 31	5 28	5 26	5 23	5 20	5 17	5 13	5 08	5 03
8	5 33	5 31	5 29	5 27	5 25	5 22	5 19	5 16	5 13	5 09	5 05	5 00	4 54	4 47
12	5 27	5 25	5 22	5 20	5 17	5 14	5 10	5 07	5 02	4 58	4 53	4 47	4 40	4 32
16	5 21	5 18	5 15	5 12	5 09	5 05	5 01	4 57	4 52	4 47	4 41	4 34	4 26	4 16
20	5 15	5 12	5 09	5 05	5 01	4 57	4 53	4 48	4 42	4 36	4 29	4 21	4 12	4 01
24	5 09	5 06	5 02	4 58	4 54	4 50	4 44	4 39	4 33	4 26	4 18	4 09	3 58	3 45
28	5 04	5 00	4 56	4 52	4 47	4 42	4 36	4 30	4 23	4 15	4 06	3 56	3 44	3 29
May 2	4 59	4 55	4 50	4 46	4 41	4 35	4 29	4 22	4 14	4 05	3 55	3 44	3 30	3 14
6	4 54	4 50	4 45	4 40	4 34	4 28	4 21	4 14	4 05	3 56	3 45	3 32	3 17	2 58
10	4 50	4 45	4 40	4 34	4 28	4 22	4 14	4 06	3 57	3 47	3 35	3 21	3 04	2 42
14	4 46	4 41	4 35	4 29	4 23	4 16	4 08	3 59	3 49	3 38	3 25	3 09	2 50	2 26
18	4 42	4 37	4 31	4 25	4 18	4 10	4 02	3 53	3 42	3 30	3 16	2 59	2 38	2 10
22	4 39	4 33	4 27	4 21	4 13	4 05	3 57	3 47	3 35	3 22	3 07	2 49	2 26	1 54
26	4 36	4 30	4 24	4 17	4 09	4 01	3 52	3 41	3 29	3 16	2 59	2 39	2 14	1 38
30	4 34	4 28	4 21	4 14	4 06	3 58	3 48	3 37	3 24	3 10	2 52	2 31	2 03	1 21
June 3	4 33	4 26	4 19	4 12	4 04	3 55	3 45	3 33	3 20	3 05	2 47	2 24	1 53	1 04
7	4 31	4 25	4 18	4 10	4 02	3 52	3 42	3 30	3 17	3 01	2 42	2 18	1 45	0 45
11	4 31	4 24	4 17	4 09	4 00	3 51	3 40	3 28	3 14	2 58	2 38	2 13	1 38	0 22
15	4 31	4 24	4 17	4 09	4 00	3 50	3 39	3 27	3 13	2 56	2 36	2 10	1 33	□
19	4 31	4 24	4 17	4 09	4 00	3 50	3 39	3 27	3 13	2 56	2 36	2 09	1 31	□
23	4 32	4 25	4 18	4 10	4 01	3 51	3 40	3 28	3 14	2 57	2 36	2 10	1 32	□
27	4 33	4 26	4 19	4 11	4 02	3 53	3 42	3 30	3 16	2 59	2 39	2 12	1 35	□
July 1	4 35	4 28	4 21	4 13	4 04	3 55	3 44	3 32	3 18	3 02	2 42	2 17	1 41	0 19
5	4 37	4 30	4 23	4 16	4 07	3 58	3 47	3 36	3 22	3 06	2 47	2 23	1 49	0 47

SUNSET

Lat.	+40°	+42°	+44°	+46°	+48°	+50°	+52°	+54°	+56°	+58°	+60°	+62°	+64°	+66°
	h m	h m	h m	h m	h m	h m	h m	h m	h m	h m	h m	h m	h m	h m
Mar. 31	18 23	18 24	18 26	18 27	18 29	18 30	18 32	18 34	18 36	18 38	18 41	18 44	18 48	18 52
Apr. 4	18 27	18 29	18 30	18 32	18 34	18 36	18 39	18 41	18 44	18 47	18 51	18 55	19 00	19 05
8	18 31	18 33	18 35	18 38	18 40	18 43	18 46	18 49	18 52	18 56	19 01	19 06	19 12	19 18
12	18 35	18 38	18 40	18 43	18 46	18 49	18 52	18 56	19 01	19 05	19 11	19 17	19 24	19 32
16	18 39	18 42	18 45	18 48	18 52	18 55	18 59	19 04	19 09	19 14	19 20	19 28	19 36	19 46
20	18 43	18 47	18 50	18 53	18 57	19 02	19 06	19 11	19 17	19 23	19 30	19 39	19 48	20 00
24	18 47	18 51	18 55	18 59	19 03	19 08	19 13	19 19	19 25	19 32	19 40	19 50	20 01	20 14
28	18 52	18 55	19 00	19 04	19 09	19 14	19 20	19 26	19 33	19 41	19 50	20 01	20 13	20 28
May 2	18 56	19 00	19 04	19 09	19 14	19 20	19 26	19 33	19 41	19 50	20 00	20 12	20 26	20 43
6	19 00	19 04	19 09	19 14	19 20	19 26	19 33	19 41	19 49	19 59	20 10	20 23	20 39	20 58
10	19 04	19 08	19 14	19 19	19 25	19 32	19 40	19 48	19 57	20 08	20 20	20 34	20 52	21 14
14	19 07	19 13	19 18	19 24	19 31	19 38	19 46	19 55	20 05	20 16	20 30	20 45	21 05	21 30
18	19 11	19 17	19 23	19 29	19 36	19 44	19 52	20 01	20 12	20 24	20 39	20 56	21 18	21 46
22	19 15	19 20	19 27	19 33	19 41	19 49	19 58	20 08	20 19	20 32	20 48	21 07	21 30	22 03
26	19 18	19 24	19 31	19 38	19 45	19 54	20 03	20 14	20 26	20 40	20 56	21 16	21 43	22 20
30	19 21	19 27	19 34	19 42	19 49	19 58	20 08	20 19	20 32	20 46	21 04	21 26	21 54	22 38
June 3	19 24	19 31	19 37	19 45	19 53	20 02	20 12	20 24	20 37	20 52	21 11	21 34	22 05	22 57
7	19 27	19 33	19 40	19 48	19 56	20 06	20 16	20 28	20 42	20 58	21 17	21 41	22 15	23 18
11	19 29	19 36	19 43	19 51	19 59	20 09	20 19	20 31	20 45	21 02	21 22	21 47	22 23	23 47
15	19 31	19 37	19 45	19 53	20 01	20 11	20 22	20 34	20 48	21 05	21 25	21 51	22 29	□
19	19 32	19 39	19 46	19 54	20 03	20 12	20 23	20 36	20 50	21 07	21 27	21 54	22 32	□
23	19 33	19 39	19 47	19 55	20 04	20 13	20 24	20 36	20 51	21 08	21 28	21 54	22 32	□
27	19 33	19 40	19 47	19 55	20 04	20 13	20 24	20 36	20 50	21 07	21 27	21 53	22 30	□
July 1	19 33	19 39	19 47	19 54	20 03	20 13	20 23	20 35	20 49	21 05	21 25	21 50	22 25	23 40
5	19 32	19 39	19 46	19 53	20 02	20 11	20 21	20 33	20 47	21 02	21 21	21 45	22 18	23 17

□ indicates Sun continuously above horizon.

SUNRISE AND SUNSET, 2022

UNIVERSAL TIME FOR MERIDIAN OF GREENWICH

SUNRISE

Lat.	−55°	−50°	−45°	−40°	−35°	−30°	−20°	−10°	0°	+10°	+20°	+30°	+35°	+40°
	h m	h m	h m	h m	h m	h m	h m	h m	h m	h m	h m	h m	h m	h m
July 1	8 26	8 00	7 39	7 23	7 09	6 57	6 36	6 17	6 00	5 43	5 24	5 02	4 50	4 35
5	8 24	7 58	7 38	7 22	7 08	6 56	6 36	6 18	6 01	5 44	5 26	5 04	4 52	4 37
9	8 21	7 56	7 37	7 21	7 08	6 56	6 36	6 18	6 02	5 45	5 27	5 06	4 54	4 39
13	8 18	7 53	7 35	7 19	7 06	6 55	6 35	6 18	6 02	5 46	5 28	5 08	4 56	4 42
17	8 13	7 50	7 32	7 17	7 05	6 54	6 35	6 18	6 03	5 47	5 30	5 10	4 59	4 45
21	8 08	7 46	7 29	7 15	7 03	6 52	6 34	6 18	6 03	5 48	5 31	5 12	5 01	4 49
25	8 02	7 41	7 25	7 11	7 00	6 50	6 33	6 17	6 03	5 49	5 33	5 15	5 04	4 52
29	7 55	7 36	7 21	7 08	6 57	6 48	6 31	6 17	6 03	5 49	5 34	5 17	5 07	4 56
Aug. 2	7 48	7 30	7 16	7 04	6 54	6 45	6 29	6 16	6 03	5 50	5 36	5 20	5 10	4 59
6	7 41	7 24	7 11	7 00	6 50	6 42	6 27	6 15	6 02	5 50	5 37	5 22	5 13	5 03
10	7 32	7 17	7 05	6 55	6 46	6 38	6 25	6 13	6 02	5 51	5 38	5 24	5 16	5 07
14	7 24	7 10	6 59	6 50	6 42	6 35	6 22	6 12	6 01	5 51	5 40	5 27	5 19	5 11
18	7 15	7 03	6 53	6 44	6 37	6 31	6 20	6 10	6 01	5 51	5 41	5 29	5 22	5 14
22	7 06	6 55	6 46	6 39	6 32	6 27	6 17	6 08	6 00	5 51	5 42	5 31	5 25	5 18
26	6 57	6 47	6 39	6 33	6 27	6 22	6 14	6 06	5 59	5 51	5 43	5 34	5 28	5 22
30	6 47	6 39	6 32	6 27	6 22	6 18	6 10	6 04	5 57	5 51	5 44	5 36	5 31	5 26
Sept. 3	6 37	6 30	6 25	6 21	6 17	6 13	6 07	6 01	5 56	5 51	5 45	5 38	5 34	5 30
7	6 27	6 22	6 18	6 14	6 11	6 08	6 03	5 59	5 55	5 50	5 46	5 40	5 37	5 33
11	6 17	6 13	6 10	6 08	6 05	6 03	6 00	5 57	5 53	5 50	5 47	5 42	5 40	5 37
15	6 07	6 05	6 03	6 01	6 00	5 58	5 56	5 54	5 52	5 50	5 47	5 44	5 43	5 41
19	5 56	5 56	5 55	5 54	5 54	5 53	5 52	5 52	5 51	5 49	5 48	5 47	5 46	5 45
23	5 46	5 47	5 47	5 48	5 48	5 48	5 49	5 49	5 49	5 49	5 49	5 49	5 49	5 48
27	5 36	5 38	5 40	5 41	5 42	5 43	5 45	5 47	5 48	5 49	5 50	5 51	5 52	5 52
Oct. 1	5 26	5 29	5 32	5 35	5 37	5 39	5 42	5 44	5 46	5 49	5 51	5 53	5 55	5 56
5	5 16	5 21	5 25	5 28	5 31	5 34	5 38	5 42	5 45	5 48	5 52	5 56	5 58	6 00

SUNSET

Lat.	−55°	−50°	−45°	−40°	−35°	−30°	−20°	−10°	0°	+10°	+20°	+30°	+35°	+40°
	h m	h m	h m	h m	h m	h m	h m	h m	h m	h m	h m	h m	h m	h m
July 1	15 42	16 08	16 29	16 45	16 59	17 11	17 32	17 50	18 08	18 25	18 44	19 05	19 18	19 33
5	15 45	16 11	16 31	16 47	17 01	17 13	17 33	17 51	18 08	18 25	18 44	19 05	19 18	19 32
9	15 50	16 15	16 34	16 50	17 03	17 15	17 35	17 52	18 09	18 26	18 44	19 04	19 17	19 31
13	15 54	16 19	16 37	16 53	17 05	17 17	17 36	17 53	18 09	18 26	18 43	19 03	19 15	19 29
17	16 00	16 23	16 41	16 56	17 08	17 19	17 38	17 54	18 10	18 25	18 42	19 02	19 13	19 27
21	16 06	16 27	16 45	16 59	17 11	17 21	17 39	17 55	18 10	18 25	18 41	19 00	19 11	19 24
25	16 12	16 32	16 49	17 02	17 13	17 23	17 41	17 56	18 10	18 25	18 40	18 58	19 09	19 21
29	16 18	16 38	16 53	17 06	17 16	17 26	17 42	17 56	18 10	18 24	18 38	18 56	19 05	19 17
Aug. 2	16 25	16 43	16 57	17 09	17 19	17 28	17 43	17 57	18 10	18 23	18 37	18 53	19 02	19 13
6	16 32	16 49	17 02	17 13	17 22	17 30	17 45	17 57	18 09	18 21	18 34	18 49	18 58	19 08
10	16 39	16 54	17 06	17 16	17 25	17 33	17 46	17 58	18 09	18 20	18 32	18 46	18 54	19 03
14	16 46	17 00	17 11	17 20	17 28	17 35	17 47	17 58	18 08	18 18	18 29	18 42	18 50	18 58
18	16 53	17 06	17 16	17 24	17 31	17 37	17 48	17 58	18 07	18 17	18 27	18 38	18 45	18 53
22	17 01	17 12	17 20	17 28	17 34	17 40	17 49	17 58	18 06	18 15	18 24	18 34	18 40	18 47
26	17 08	17 17	17 25	17 31	17 37	17 42	17 50	17 58	18 05	18 12	18 20	18 30	18 35	18 41
30	17 15	17 23	17 30	17 35	17 40	17 44	17 51	17 58	18 04	18 10	18 17	18 25	18 30	18 35
Sept. 3	17 23	17 29	17 34	17 39	17 43	17 46	17 52	17 57	18 03	18 08	18 14	18 20	18 24	18 29
7	17 30	17 35	17 39	17 43	17 46	17 48	17 53	17 57	18 01	18 06	18 10	18 15	18 19	18 22
11	17 37	17 41	17 44	17 46	17 48	17 50	17 54	17 57	18 00	18 03	18 06	18 10	18 13	18 16
15	17 45	17 47	17 49	17 50	17 51	17 52	17 55	17 57	17 58	18 01	18 03	18 06	18 07	18 09
19	17 52	17 53	17 53	17 54	17 54	17 55	17 55	17 56	17 57	17 58	17 59	18 01	18 01	18 02
23	18 00	17 59	17 58	17 58	17 57	17 57	17 56	17 56	17 56	17 55	17 55	17 56	17 56	17 56
27	18 07	18 05	18 03	18 01	18 00	17 59	17 57	17 56	17 54	17 53	17 52	17 51	17 50	17 49
Oct. 1	18 15	18 11	18 08	18 05	18 03	18 01	17 58	17 55	17 53	17 51	17 48	17 46	17 44	17 43
5	18 23	18 17	18 13	18 09	18 06	18 04	17 59	17 55	17 52	17 48	17 45	17 41	17 39	17 36

SUNRISE AND SUNSET, 2022

UNIVERSAL TIME FOR MERIDIAN OF GREENWICH

SUNRISE

Lat.	+40°	+42°	+44°	+46°	+48°	+50°	+52°	+54°	+56°	+58°	+60°	+62°	+64°	+66°
	h m	h m	h m	h m	h m	h m	h m	h m	h m	h m	h m	h m	h m	h m
July 1	4 35	4 28	4 21	4 13	4 04	3 55	3 44	3 32	3 18	3 02	2 42	2 17	1 41	0 19
5	4 37	4 30	4 23	4 16	4 07	3 58	3 47	3 36	3 22	3 06	2 47	2 23	1 49	0 47
9	4 39	4 33	4 26	4 19	4 10	4 01	3 51	3 40	3 27	3 11	2 53	2 30	1 59	1 07
13	4 42	4 36	4 29	4 22	4 14	4 05	3 56	3 44	3 32	3 17	3 00	2 38	2 10	1 26
17	4 45	4 39	4 33	4 26	4 18	4 10	4 00	3 50	3 38	3 24	3 07	2 47	2 21	1 44
21	4 49	4 43	4 37	4 30	4 23	4 15	4 06	3 56	3 44	3 31	3 16	2 57	2 33	2 01
25	4 52	4 46	4 41	4 34	4 27	4 20	4 11	4 02	3 51	3 39	3 24	3 07	2 46	2 17
29	4 56	4 50	4 45	4 39	4 32	4 25	4 17	4 08	3 58	3 47	3 34	3 18	2 58	2 34
Aug. 2	4 59	4 54	4 49	4 43	4 37	4 31	4 23	4 15	4 06	3 55	3 43	3 28	3 11	2 49
6	5 03	4 58	4 54	4 48	4 43	4 36	4 29	4 22	4 13	4 04	3 52	3 39	3 24	3 04
10	5 07	5 03	4 58	4 53	4 48	4 42	4 36	4 29	4 21	4 12	4 02	3 50	3 36	3 19
14	5 11	5 07	5 03	4 58	4 53	4 48	4 42	4 36	4 29	4 21	4 12	4 01	3 49	3 34
18	5 14	5 11	5 07	5 03	4 59	4 54	4 49	4 43	4 37	4 29	4 21	4 12	4 01	3 48
22	5 18	5 15	5 12	5 08	5 04	5 00	4 55	4 50	4 44	4 38	4 31	4 23	4 13	4 01
26	5 22	5 19	5 16	5 13	5 10	5 06	5 02	4 57	4 52	4 47	4 40	4 33	4 25	4 15
30	5 26	5 23	5 21	5 18	5 15	5 12	5 08	5 04	5 00	4 55	4 50	4 44	4 37	4 28
Sept. 3	5 30	5 27	5 25	5 23	5 21	5 18	5 15	5 12	5 08	5 04	4 59	4 54	4 48	4 41
7	5 33	5 32	5 30	5 28	5 26	5 24	5 21	5 19	5 16	5 13	5 09	5 05	5 00	4 54
11	5 37	5 36	5 34	5 33	5 31	5 30	5 28	5 26	5 24	5 21	5 18	5 15	5 11	5 07
15	5 41	5 40	5 39	5 38	5 37	5 36	5 34	5 33	5 31	5 30	5 28	5 25	5 23	5 20
19	5 45	5 44	5 44	5 43	5 42	5 42	5 41	5 40	5 39	5 38	5 37	5 36	5 34	5 32
23	5 48	5 48	5 48	5 48	5 48	5 48	5 47	5 47	5 47	5 47	5 46	5 46	5 45	5 45
27	5 52	5 52	5 53	5 53	5 53	5 54	5 54	5 54	5 55	5 55	5 56	5 56	5 57	5 58
Oct. 1	5 56	5 57	5 57	5 58	5 59	6 00	6 01	6 02	6 03	6 04	6 05	6 07	6 08	6 10
5	6 00	6 01	6 02	6 03	6 05	6 06	6 07	6 09	6 11	6 13	6 15	6 17	6 20	6 23

SUNSET

Lat.	+40°	+42°	+44°	+46°	+48°	+50°	+52°	+54°	+56°	+58°	+60°	+62°	+64°	+66°
	h m	h m	h m	h m	h m	h m	h m	h m	h m	h m	h m	h m	h m	h m
July 1	19 33	19 39	19 47	19 54	20 03	20 13	20 23	20 35	20 49	21 05	21 25	21 50	22 25	23 40
5	19 32	19 39	19 46	19 53	20 02	20 11	20 21	20 33	20 47	21 02	21 21	21 45	22 18	23 17
9	19 31	19 37	19 44	19 52	20 00	20 09	20 19	20 30	20 43	20 58	21 17	21 39	22 10	22 59
13	19 29	19 35	19 42	19 49	19 57	20 06	20 15	20 26	20 39	20 53	21 11	21 32	22 00	22 42
17	19 27	19 33	19 39	19 46	19 54	20 02	20 11	20 22	20 34	20 47	21 04	21 23	21 49	22 25
21	19 24	19 30	19 36	19 42	19 50	19 58	20 06	20 16	20 28	20 41	20 56	21 14	21 37	22 08
25	19 21	19 26	19 32	19 38	19 45	19 53	20 01	20 10	20 21	20 33	20 47	21 04	21 25	21 52
29	19 17	19 22	19 28	19 34	19 40	19 47	19 55	20 04	20 14	20 25	20 38	20 53	21 12	21 36
Aug. 2	19 13	19 18	19 23	19 28	19 34	19 41	19 48	19 57	20 06	20 16	20 28	20 42	20 59	21 20
6	19 08	19 13	19 18	19 23	19 28	19 35	19 41	19 49	19 57	20 07	20 18	20 31	20 46	21 05
10	19 03	19 08	19 12	19 17	19 22	19 28	19 34	19 41	19 48	19 57	20 07	20 19	20 32	20 49
14	18 58	19 02	19 06	19 10	19 15	19 20	19 26	19 32	19 39	19 47	19 56	20 06	20 19	20 33
18	18 53	18 56	19 00	19 04	19 08	19 13	19 18	19 24	19 30	19 37	19 45	19 54	20 05	20 18
22	18 47	18 50	18 53	18 57	19 01	19 05	19 09	19 14	19 20	19 26	19 33	19 41	19 51	20 02
26	18 41	18 44	18 47	18 50	18 53	18 57	19 01	19 05	19 10	19 15	19 22	19 29	19 37	19 46
30	18 35	18 37	18 40	18 42	18 45	18 48	18 52	18 56	19 00	19 04	19 10	19 16	19 23	19 31
Sept. 3	18 29	18 31	18 33	18 35	18 37	18 40	18 43	18 46	18 49	18 53	18 58	19 03	19 09	19 15
7	18 22	18 24	18 25	18 27	18 29	18 31	18 34	18 36	18 39	18 42	18 46	18 50	18 54	19 00
11	18 16	18 17	18 18	18 19	18 21	18 23	18 24	18 26	18 28	18 31	18 34	18 37	18 40	18 44
15	18 09	18 10	18 11	18 12	18 13	18 14	18 15	18 16	18 18	18 20	18 21	18 24	18 26	18 29
19	18 02	18 03	18 03	18 04	18 04	18 05	18 06	18 06	18 07	18 08	18 09	18 10	18 12	18 13
23	17 56	17 56	17 56	17 56	17 56	17 56	17 56	17 56	17 57	17 57	17 57	17 57	17 58	17 58
27	17 49	17 49	17 48	17 48	17 48	17 47	17 47	17 47	17 46	17 45	17 45	17 44	17 44	17 43
Oct. 1	17 43	17 42	17 41	17 40	17 40	17 39	17 38	17 37	17 35	17 34	17 33	17 31	17 29	17 27
5	17 36	17 35	17 34	17 33	17 31	17 30	17 29	17 27	17 25	17 23	17 21	17 18	17 15	17 12

SUNRISE AND SUNSET, 2022

UNIVERSAL TIME FOR MERIDIAN OF GREENWICH
SUNRISE

Lat.	−55°	−50°	−45°	−40°	−35°	−30°	−20°	−10°	0°	+10°	+20°	+30°	+35°	+40°
	h m	h m	h m	h m	h m	h m	h m	h m	h m	h m	h m	h m	h m	h m
Oct. 1	5 26	5 29	5 32	5 35	5 37	5 39	5 42	5 44	5 46	5 49	5 51	5 53	5 55	5 56
5	5 16	5 21	5 25	5 28	5 31	5 34	5 38	5 42	5 45	5 48	5 52	5 56	5 58	6 00
9	5 05	5 12	5 17	5 22	5 26	5 29	5 35	5 40	5 44	5 48	5 53	5 58	6 01	6 04
13	4 55	5 04	5 10	5 16	5 20	5 24	5 31	5 37	5 43	5 48	5 54	6 00	6 04	6 08
17	4 46	4 55	5 03	5 10	5 15	5 20	5 28	5 35	5 42	5 49	5 55	6 03	6 07	6 12
21	4 36	4 47	4 56	5 04	5 10	5 16	5 25	5 34	5 41	5 49	5 57	6 06	6 11	6 17
25	4 27	4 39	4 50	4 58	5 05	5 12	5 23	5 32	5 41	5 49	5 58	6 09	6 14	6 21
29	4 18	4 32	4 43	4 53	5 01	5 08	5 20	5 31	5 40	5 50	6 00	6 12	6 18	6 26
Nov. 2	4 09	4 25	4 38	4 48	4 57	5 05	5 18	5 29	5 40	5 51	6 02	6 15	6 22	6 30
6	4 01	4 18	4 32	4 43	4 53	5 02	5 16	5 29	5 40	5 52	6 04	6 18	6 26	6 35
10	3 53	4 12	4 27	4 39	4 50	4 59	5 14	5 28	5 40	5 53	6 06	6 21	6 29	6 39
14	3 45	4 06	4 22	4 35	4 47	4 56	5 13	5 27	5 41	5 54	6 08	6 24	6 33	6 44
18	3 39	4 01	4 18	4 32	4 44	4 54	5 12	5 27	5 42	5 56	6 10	6 27	6 37	6 48
22	3 33	3 56	4 15	4 30	4 42	4 53	5 12	5 28	5 42	5 57	6 13	6 31	6 41	6 53
26	3 27	3 52	4 12	4 27	4 41	4 52	5 11	5 28	5 44	5 59	6 15	6 34	6 45	6 57
30	3 23	3 49	4 10	4 26	4 39	4 51	5 11	5 29	5 45	6 01	6 18	6 37	6 49	7 01
Dec. 4	3 19	3 47	4 08	4 25	4 39	4 51	5 12	5 30	5 46	6 03	6 20	6 40	6 52	7 05
8	3 17	3 46	4 07	4 24	4 39	4 51	5 13	5 31	5 48	6 05	6 23	6 43	6 55	7 09
12	3 16	3 45	4 07	4 25	4 39	4 52	5 14	5 33	5 50	6 07	6 25	6 46	6 58	7 12
16	3 15	3 45	4 08	4 26	4 41	4 53	5 15	5 34	5 52	6 09	6 28	6 49	7 01	7 15
20	3 16	3 46	4 09	4 27	4 42	4 55	5 17	5 36	5 54	6 11	6 30	6 51	7 03	7 18
24	3 18	3 48	4 11	4 29	4 44	4 57	5 19	5 38	5 56	6 13	6 32	6 53	7 05	7 20
28	3 21	3 51	4 14	4 32	4 47	4 59	5 21	5 40	5 58	6 15	6 34	6 55	7 07	7 21
32	3 26	3 55	4 17	4 35	4 49	5 02	5 24	5 42	6 00	6 17	6 35	6 56	7 08	7 22
36	3 31	3 59	4 21	4 38	4 53	5 05	5 26	5 45	6 02	6 18	6 36	6 57	7 08	7 22

SUNSET

Lat.	−55°	−50°	−45°	−40°	−35°	−30°	−20°	−10°	0°	+10°	+20°	+30°	+35°	+40°
	h m	h m	h m	h m	h m	h m	h m	h m	h m	h m	h m	h m	h m	h m
Oct. 1	18 15	18 11	18 08	18 05	18 03	18 01	17 58	17 55	17 53	17 51	17 48	17 46	17 44	17 43
5	18 23	18 17	18 13	18 09	18 06	18 04	17 59	17 55	17 52	17 48	17 45	17 41	17 39	17 36
9	18 30	18 24	18 18	18 13	18 10	18 06	18 00	17 55	17 51	17 46	17 41	17 36	17 33	17 30
13	18 38	18 30	18 23	18 18	18 13	18 09	18 01	17 55	17 50	17 44	17 38	17 32	17 28	17 24
17	18 46	18 36	18 28	18 22	18 16	18 11	18 03	17 55	17 49	17 42	17 35	17 27	17 23	17 18
21	18 55	18 43	18 34	18 26	18 20	18 14	18 04	17 56	17 48	17 40	17 32	17 23	17 18	17 12
25	19 03	18 50	18 39	18 31	18 23	18 17	18 06	17 56	17 47	17 39	17 30	17 19	17 13	17 07
29	19 11	18 56	18 45	18 35	18 27	18 20	18 08	17 57	17 47	17 37	17 27	17 16	17 09	17 01
Nov. 2	19 20	19 03	18 50	18 40	18 31	18 23	18 09	17 58	17 47	17 36	17 25	17 12	17 05	16 57
6	19 28	19 10	18 56	18 45	18 35	18 26	18 12	17 59	17 47	17 35	17 23	17 09	17 01	16 52
10	19 36	19 17	19 02	18 49	18 39	18 29	18 14	18 00	17 47	17 35	17 22	17 07	16 58	16 48
14	19 45	19 24	19 07	18 54	18 43	18 33	18 16	18 01	17 48	17 35	17 20	17 04	16 55	16 45
18	19 53	19 30	19 13	18 59	18 47	18 36	18 18	18 03	17 49	17 35	17 20	17 03	16 53	16 42
22	20 01	19 37	19 18	19 03	18 51	18 40	18 21	18 05	17 50	17 35	17 19	17 01	16 51	16 39
26	20 08	19 43	19 23	19 08	18 54	18 43	18 23	18 07	17 51	17 35	17 19	17 00	16 49	16 37
30	20 15	19 49	19 28	19 12	18 58	18 46	18 26	18 08	17 52	17 36	17 19	17 00	16 48	16 36
Dec. 4	20 22	19 54	19 33	19 16	19 02	18 49	18 29	18 11	17 54	17 37	17 20	17 00	16 48	16 35
8	20 27	19 59	19 37	19 20	19 05	18 52	18 31	18 13	17 56	17 39	17 21	17 00	16 48	16 35
12	20 32	20 03	19 41	19 23	19 08	18 55	18 33	18 15	17 57	17 40	17 22	17 01	16 49	16 35
16	20 36	20 06	19 44	19 26	19 11	18 58	18 36	18 17	17 59	17 42	17 23	17 02	16 50	16 36
20	20 39	20 09	19 46	19 28	19 13	19 00	18 38	18 19	18 01	17 44	17 25	17 04	16 52	16 37
24	20 41	20 11	19 48	19 30	19 15	19 02	18 40	18 21	18 03	17 46	17 27	17 06	16 54	16 39
28	20 41	20 11	19 49	19 31	19 16	19 03	18 42	18 23	18 05	17 48	17 30	17 08	16 56	16 42
32	20 41	20 12	19 50	19 32	19 17	19 05	18 43	18 24	18 07	17 50	17 32	17 11	16 59	16 45
36	20 39	20 11	19 49	19 32	19 18	19 05	18 44	18 26	18 09	17 52	17 34	17 14	17 02	16 49

UNIVERSAL TIME FOR MERIDIAN OF GREENWICH
SUNRISE

Lat.	+40°	+42°	+44°	+46°	+48°	+50°	+52°	+54°	+56°	+58°	+60°	+62°	+64°	+66°
	h m	h m	h m	h m	h m	h m	h m	h m	h m	h m	h m	h m	h m	h m
Oct. 1	5 56	5 57	5 57	5 58	5 59	6 00	6 01	6 02	6 03	6 04	6 05	6 07	6 08	6 10
5	6 00	6 01	6 02	6 03	6 05	6 06	6 07	6 09	6 11	6 13	6 15	6 17	6 20	6 23
9	6 04	6 06	6 07	6 09	6 10	6 12	6 14	6 16	6 19	6 21	6 24	6 28	6 32	6 36
13	6 08	6 10	6 12	6 14	6 16	6 18	6 21	6 24	6 27	6 30	6 34	6 39	6 43	6 49
17	6 12	6 15	6 17	6 19	6 22	6 25	6 28	6 31	6 35	6 39	6 44	6 49	6 55	7 03
21	6 17	6 19	6 22	6 25	6 28	6 31	6 35	6 39	6 43	6 48	6 54	7 00	7 08	7 16
25	6 21	6 24	6 27	6 30	6 34	6 38	6 42	6 47	6 52	6 58	7 04	7 11	7 20	7 30
29	6 26	6 29	6 32	6 36	6 40	6 44	6 49	6 55	7 00	7 07	7 14	7 23	7 33	7 44
Nov. 2	6 30	6 34	6 38	6 42	6 46	6 51	6 56	7 02	7 09	7 16	7 25	7 34	7 45	7 59
6	6 35	6 39	6 43	6 47	6 52	6 58	7 04	7 10	7 17	7 26	7 35	7 46	7 58	8 13
10	6 39	6 44	6 48	6 53	6 59	7 04	7 11	7 18	7 26	7 35	7 45	7 57	8 11	8 28
14	6 44	6 48	6 53	6 59	7 05	7 11	7 18	7 26	7 34	7 44	7 55	8 08	8 24	8 43
18	6 48	6 53	6 59	7 04	7 11	7 17	7 25	7 33	7 42	7 53	8 05	8 19	8 37	8 58
22	6 53	6 58	7 04	7 10	7 16	7 24	7 32	7 40	7 50	8 02	8 15	8 30	8 49	9 13
26	6 57	7 03	7 09	7 15	7 22	7 30	7 38	7 47	7 58	8 10	8 24	8 41	9 02	9 28
30	7 01	7 07	7 13	7 20	7 27	7 35	7 44	7 54	8 05	8 18	8 33	8 51	9 13	9 43
Dec. 4	7 05	7 11	7 18	7 25	7 32	7 40	7 50	8 00	8 11	8 25	8 41	9 00	9 24	9 57
8	7 09	7 15	7 22	7 29	7 37	7 45	7 55	8 05	8 17	8 31	8 48	9 08	9 33	10 10
12	7 12	7 19	7 25	7 33	7 40	7 49	7 59	8 10	8 22	8 36	8 53	9 14	9 41	10 20
16	7 15	7 22	7 28	7 36	7 44	7 53	8 02	8 13	8 26	8 41	8 58	9 19	9 47	10 29
20	7 18	7 24	7 31	7 38	7 46	7 55	8 05	8 16	8 29	8 44	9 01	9 23	9 51	10 34
24	7 20	7 26	7 33	7 40	7 48	7 57	8 07	8 18	8 31	8 46	9 03	9 25	9 53	10 36
28	7 21	7 27	7 34	7 41	7 49	7 58	8 08	8 19	8 32	8 46	9 03	9 25	9 52	10 33
32	7 22	7 28	7 35	7 42	7 50	7 59	8 08	8 19	8 31	8 45	9 02	9 23	9 50	10 28
36	7 22	7 28	7 35	7 42	7 49	7 58	8 07	8 18	8 30	8 44	9 00	9 20	9 45	10 20

SUNSET

Lat.	+40°	+42°	+44°	+46°	+48°	+50°	+52°	+54°	+56°	+58°	+60°	+62°	+64°	+66°
	h m	h m	h m	h m	h m	h m	h m	h m	h m	h m	h m	h m	h m	h m
Oct. 1	17 43	17 42	17 41	17 40	17 40	17 39	17 38	17 37	17 35	17 34	17 33	17 31	17 29	17 27
5	17 36	17 35	17 34	17 33	17 31	17 30	17 29	17 27	17 25	17 23	17 21	17 18	17 15	17 12
9	17 30	17 28	17 27	17 25	17 23	17 22	17 19	17 17	17 15	17 12	17 09	17 05	17 02	16 57
13	17 24	17 22	17 20	17 18	17 16	17 13	17 11	17 08	17 05	17 01	16 57	16 53	16 48	16 42
17	17 18	17 16	17 13	17 11	17 08	17 05	17 02	16 58	16 55	16 50	16 46	16 40	16 34	16 27
21	17 12	17 09	17 07	17 04	17 01	16 57	16 53	16 49	16 45	16 40	16 34	16 28	16 20	16 12
25	17 07	17 04	17 00	16 57	16 53	16 50	16 45	16 41	16 35	16 30	16 23	16 16	16 07	15 57
29	17 01	16 58	16 55	16 51	16 47	16 42	16 37	16 32	16 26	16 20	16 12	16 04	15 54	15 42
Nov. 2	16 57	16 53	16 49	16 45	16 40	16 35	16 30	16 24	16 17	16 10	16 02	15 52	15 41	15 27
6	16 52	16 48	16 44	16 39	16 34	16 29	16 23	16 16	16 09	16 01	15 52	15 41	15 28	15 13
10	16 48	16 44	16 39	16 34	16 29	16 23	16 16	16 09	16 01	15 52	15 42	15 30	15 16	14 59
14	16 45	16 40	16 35	16 30	16 24	16 17	16 10	16 03	15 54	15 44	15 33	15 20	15 04	14 45
18	16 42	16 37	16 31	16 25	16 19	16 12	16 05	15 57	15 47	15 37	15 24	15 10	14 53	14 31
22	16 39	16 34	16 28	16 22	16 15	16 08	16 00	15 51	15 41	15 30	15 17	15 01	14 42	14 18
26	16 37	16 31	16 26	16 19	16 12	16 05	15 56	15 47	15 36	15 24	15 10	14 53	14 32	14 05
30	16 36	16 30	16 24	16 17	16 10	16 02	15 53	15 43	15 32	15 19	15 04	14 46	14 24	13 54
Dec. 4	16 35	16 29	16 22	16 15	16 08	16 00	15 50	15 40	15 29	15 15	14 59	14 40	14 16	13 43
8	16 35	16 28	16 22	16 15	16 07	15 58	15 49	15 38	15 26	15 12	14 56	14 36	14 10	13 34
12	16 35	16 29	16 22	16 15	16 07	15 58	15 48	15 37	15 25	15 11	14 54	14 33	14 06	13 27
16	16 36	16 30	16 23	16 15	16 07	15 58	15 49	15 38	15 25	15 10	14 53	14 32	14 04	13 22
20	16 37	16 31	16 24	16 17	16 09	16 00	15 50	15 39	15 26	15 11	14 54	14 32	14 04	13 21
24	16 39	16 33	16 26	16 19	16 11	16 02	15 52	15 41	15 28	15 14	14 56	14 34	14 06	13 24
28	16 42	16 36	16 29	16 22	16 14	16 05	15 55	15 44	15 32	15 17	15 00	14 38	14 11	13 30
32	16 45	16 39	16 32	16 25	16 17	16 09	15 59	15 48	15 36	15 22	15 05	14 44	14 17	13 39
36	16 49	16 43	16 36	16 29	16 21	16 13	16 03	15 53	15 41	15 27	15 11	14 51	14 26	13 51

MOONRISE AND MOONSET, 2022

UNIVERSAL TIME FOR MERIDIAN OF GREENWICH

MOONRISE

Lat.		−55°	−50°	−45°	−40°	−35°	−30°	−20°	−10°	0°	+10°	+20°	+30°	+35°	+40°
		h m	h m	h m	h m	h m	h m	h m	h m	h m	h m	h m	h m	h m	h m
Jan.	0	1 11	1 34	1 53	2 08	2 20	2 32	2 51	3 08	3 24	3 40	3 57	4 17	4 29	4 43
	1	1 41	2 11	2 35	2 53	3 09	3 23	3 46	4 07	4 26	4 45	5 06	5 30	5 44	6 01
	2	2 27	3 03	3 29	3 50	4 08	4 23	4 49	5 11	5 32	5 53	6 15	6 41	6 56	7 14
	3	3 35	4 11	4 37	4 58	5 15	5 30	5 56	6 18	6 38	6 59	7 21	7 46	8 01	8 18
	4	5 00	5 31	5 54	6 12	6 28	6 41	7 04	7 23	7 42	8 00	8 19	8 42	8 55	9 10
	5	6 33	6 56	7 14	7 28	7 41	7 51	8 10	8 26	8 40	8 55	9 11	9 29	9 39	9 51
	6	8 03	8 19	8 32	8 42	8 51	8 58	9 11	9 23	9 33	9 44	9 55	10 08	10 16	10 24
	7	9 29	9 38	9 45	9 51	9 56	10 01	10 09	10 15	10 22	10 28	10 35	10 42	10 47	10 52
	8	10 50	10 53	10 55	10 57	10 59	11 00	11 03	11 05	11 07	11 09	11 11	11 13	11 15	11 16
	9	12 08	12 05	12 02	12 00	11 58	11 57	11 54	11 52	11 50	11 47	11 45	11 42	11 41	11 39
	10	13 24	13 15	13 08	13 02	12 57	12 52	12 45	12 38	12 32	12 25	12 19	12 11	12 07	12 02
	11	14 39	14 24	14 13	14 03	13 54	13 47	13 35	13 24	13 14	13 04	12 53	12 41	12 34	12 26
	12	15 54	15 33	15 17	15 04	14 52	14 43	14 26	14 11	13 57	13 44	13 30	13 13	13 04	12 53
	13	17 09	16 42	16 21	16 04	15 50	15 38	15 17	15 00	14 43	14 26	14 09	13 48	13 37	13 23
	14	18 20	17 48	17 23	17 04	16 48	16 34	16 10	15 50	15 31	15 12	14 51	14 28	14 15	13 59
	15	19 24	18 48	18 22	18 01	17 43	17 28	17 03	16 41	16 20	16 00	15 38	15 13	14 58	14 41
	16	20 17	19 41	19 14	18 53	18 35	18 20	17 54	17 32	17 11	16 51	16 29	16 03	15 48	15 30
	17	20 56	20 23	19 58	19 39	19 22	19 08	18 43	18 22	18 03	17 43	17 22	16 57	16 43	16 26
	18	21 24	20 57	20 35	20 18	20 04	19 51	19 29	19 11	18 53	18 35	18 16	17 54	17 41	17 26
	19	21 44	21 23	21 06	20 52	20 40	20 30	20 12	19 56	19 42	19 27	19 11	18 53	18 42	18 30
	20	22 00	21 44	21 32	21 22	21 13	21 05	20 51	20 40	20 29	20 17	20 05	19 52	19 44	19 34
	21	22 12	22 02	21 54	21 48	21 42	21 37	21 29	21 21	21 14	21 07	20 59	20 50	20 45	20 39
	22	22 22	22 18	22 15	22 12	22 10	22 08	22 04	22 01	21 58	21 55	21 52	21 49	21 47	21 44
	23	22 32	22 34	22 35	22 36	22 38	22 39	22 40	22 42	22 43	22 45	22 46	22 48	22 49	22 50
	24	22 43	22 50	22 57	23 02	23 06	23 10	23 17	23 24	23 29	23 35	23 42	23 49	23 53	23 58

MOONSET

Lat.		−55°	−50°	−45°	−40°	−35°	−30°	−20°	−10°	0°	+10°	+20°	+30°	+35°	+40°
		h m	h m	h m	h m	h m	h m	h m	h m	h m	h m	h m	h m	h m	h m
Jan.	0	18 29	18 00	17 37	17 20	17 05	16 52	16 30	16 10	15 53	15 35	15 16	14 54	14 42	14 27
	1	19 58	19 23	18 57	18 36	18 19	18 04	17 39	17 17	16 57	16 37	16 15	15 50	15 35	15 18
	2	21 09	20 33	20 06	19 45	19 28	19 12	18 47	18 24	18 03	17 42	17 20	16 54	16 38	16 21
	3	21 58	21 26	21 03	20 43	20 27	20 13	19 49	19 28	19 09	18 49	18 28	18 04	17 49	17 32
	4	22 29	22 05	21 45	21 30	21 16	21 05	20 45	20 27	20 10	19 54	19 36	19 15	19 03	18 48
	5	22 50	22 32	22 18	22 07	21 57	21 48	21 32	21 19	21 06	20 53	20 40	20 24	20 14	20 04
	6	23 05	22 54	22 45	22 37	22 30	22 25	22 14	22 05	21 57	21 48	21 39	21 29	21 23	21 16
	7	23 16	23 11	23 07	23 03	23 00	22 57	22 52	22 48	22 44	22 39	22 35	22 30	22 27	22 23
	8	23 26	23 26	23 27	23 27	23 27	23 27	23 27	23 27	23 27	23 27	23 28	23 28	23 28	23 28
	9	23 36	23 41	23 46	23 50	23 53	23 56	.. ..	.. ..	.. ..	.. ..	.. ..	.. ..	.. ..	.. ..
	10	23 46	23 57	.. ..	.. ..	.. ..	.. ..	0 01	0 05	0 10	0 14	0 18	0 24	0 27	0 30
	11	23 57	.. ..	0 06	0 13	0 19	0 25	0 35	0 44	0 52	1 00	1 09	1 19	1 25	1 31
	12	.. ..	0 14	0 27	0 38	0 48	0 56	1 10	1 23	1 35	1 47	1 59	2 14	2 22	2 32
	13	0 12	0 34	0 52	1 06	1 19	1 29	1 48	2 04	2 19	2 34	2 51	3 09	3 20	3 33
	14	0 32	1 00	1 22	1 39	1 54	2 07	2 29	2 48	3 06	3 24	3 43	4 05	4 18	4 33
	15	1 00	1 33	1 58	2 18	2 35	2 49	3 13	3 35	3 54	4 14	4 36	5 00	5 15	5 32
	16	1 39	2 16	2 42	3 04	3 21	3 36	4 02	4 24	4 45	5 06	5 28	5 53	6 09	6 26
	17	2 32	3 09	3 35	3 56	4 13	4 29	4 54	5 16	5 36	5 57	6 18	6 43	6 58	7 15
	18	3 39	4 11	4 35	4 54	5 11	5 24	5 48	6 08	6 27	6 46	7 06	7 29	7 42	7 58
	19	4 54	5 20	5 40	5 57	6 10	6 22	6 43	7 00	7 17	7 33	7 50	8 10	8 21	8 35
	20	6 12	6 32	6 48	7 01	7 12	7 21	7 37	7 51	8 04	8 17	8 31	8 47	8 56	9 06
	21	7 32	7 46	7 57	8 06	8 13	8 20	8 31	8 41	8 50	9 00	9 09	9 20	9 27	9 34
	22	8 52	9 00	9 06	9 10	9 15	9 18	9 25	9 30	9 35	9 40	9 46	9 52	9 55	9 59
	23	10 13	10 14	10 15	10 16	10 17	10 17	10 18	10 19	10 20	10 20	10 21	10 22	10 22	10 23
	24	11 35	11 30	11 26	11 23	11 20	11 17	11 13	11 09	11 05	11 01	10 57	10 53	10 50	10 47

.. .. indicates phenomenon will occur the next day.

UNIVERSAL TIME FOR MERIDIAN OF GREENWICH

MOONRISE

Lat.	+40°	+42°	+44°	+46°	+48°	+50°	+52°	+54°	+56°	+58°	+60°	+62°	+64°	+66°
	h m	h m	h m	h m	h m	h m	h m	h m	h m	h m	h m	h m	h m	h m
Jan. 0	4 43	4 49	4 55	5 02	5 10	5 19	5 28	5 39	5 51	6 06	6 22	6 43	7 10	7 48
1	6 01	6 08	6 16	6 25	6 35	6 45	6 58	7 11	7 27	7 47	8 10	8 42	9 35	■
2	7 14	7 22	7 31	7 41	7 51	8 03	8 16	8 32	8 50	9 12	9 40	10 21	■	■
3	8 18	8 26	8 34	8 44	8 54	9 05	9 17	9 32	9 49	10 09	10 34	11 08	12 09	■
4	9 10	9 17	9 24	9 32	9 40	9 50	10 00	10 12	10 26	10 41	11 00	11 23	11 53	12 39
5	9 51	9 56	10 02	10 08	10 15	10 22	10 30	10 39	10 48	11 00	11 12	11 28	11 46	12 08
6	10 24	10 28	10 32	10 36	10 41	10 46	10 51	10 57	11 04	11 11	11 19	11 29	11 40	11 53
7	10 52	10 54	10 56	10 59	11 01	11 04	11 07	11 11	11 15	11 19	11 24	11 29	11 35	11 42
8	11 16	11 17	11 18	11 19	11 19	11 20	11 21	11 22	11 24	11 25	11 26	11 28	11 30	11 32
9	11 39	11 39	11 38	11 37	11 36	11 35	11 34	11 33	11 32	11 30	11 29	11 27	11 25	11 23
10	12 02	12 00	11 58	11 56	11 53	11 50	11 47	11 44	11 40	11 36	11 32	11 27	11 21	11 14
11	12 26	12 23	12 19	12 15	12 11	12 06	12 01	11 56	11 50	11 43	11 35	11 26	11 16	11 04
12	12 53	12 48	12 43	12 37	12 32	12 25	12 18	12 10	12 01	11 51	11 40	11 27	11 11	10 52
13	13 23	13 17	13 11	13 04	12 56	12 48	12 39	12 28	12 17	12 04	11 48	11 29	11 06	10 35
14	13 59	13 52	13 44	13 36	13 27	13 17	13 06	12 53	12 39	12 22	12 02	11 36	11 00	9 51
15	14 41	14 33	14 25	14 16	14 06	13 55	13 42	13 28	13 11	12 51	12 26	11 52	10 50	□
16	15 30	15 22	15 14	15 04	14 54	14 42	14 29	14 14	13 57	13 36	13 09	12 30	□	□
17	16 26	16 18	16 10	16 01	15 51	15 40	15 28	15 14	14 58	14 38	14 14	13 40	12 41	□
18	17 26	17 20	17 13	17 05	16 56	16 47	16 36	16 24	16 10	15 54	15 34	15 10	14 36	13 36
19	18 30	18 24	18 19	18 12	18 05	17 58	17 49	17 40	17 29	17 17	17 02	16 45	16 24	15 56
20	19 34	19 30	19 26	19 21	19 16	19 11	19 05	18 58	18 50	18 42	18 32	18 21	18 07	17 51
21	20 39	20 37	20 34	20 31	20 28	20 24	20 21	20 16	20 12	20 07	20 01	19 54	19 46	19 37
22	21 44	21 43	21 42	21 41	21 40	21 38	21 37	21 35	21 34	21 32	21 29	21 27	21 24	21 20
23	22 50	22 51	22 52	22 52	22 53	22 54	22 54	22 55	22 56	22 57	22 59	23 00	23 02	23 03
24	23 58	.. ..	.. ..	.. ..	.. ..	.. ..	.. ..	.. ..	.. ..	.. ..	.. ..	.. ..	.. ..	.. ..

MOONSET

Lat.	+40°	+42°	+44°	+46°	+48°	+50°	+52°	+54°	+56°	+58°	+60°	+62°	+64°	+66°
	h m	h m	h m	h m	h m	h m	h m	h m	h m	h m	h m	h m	h m	h m
Jan. 0	14 27	14 21	14 14	14 06	13 58	13 49	13 38	13 27	13 14	13 14	12 42	12 20	11 53	11 14
1	15 18	15 10	15 02	14 53	14 43	14 32	14 20	14 06	13 49	13 30	13 05	12 33	11 40	■
2	16 21	16 12	16 04	15 54	15 43	15 32	15 18	15 03	14 45	14 23	13 55	13 13	■	■
3	17 32	17 25	17 17	17 08	16 58	16 47	16 34	16 20	16 04	15 44	15 19	14 45	13 45	■
4	18 48	18 42	18 35	18 28	18 20	18 11	18 01	17 49	17 36	17 21	17 03	16 41	16 12	15 27
5	20 04	19 59	19 54	19 48	19 42	19 36	19 28	19 20	19 11	19 01	18 49	18 35	18 18	17 56
6	21 16	21 12	21 09	21 05	21 02	20 57	20 53	20 48	20 42	20 35	20 28	20 20	20 10	19 58
7	22 23	22 22	22 20	22 18	22 17	22 14	22 12	22 10	22 07	22 04	22 01	21 57	21 52	21 47
8	23 28	23 28	23 28	23 28	23 28	23 28	23 28	23 28	23 28	23 28	23 28	23 28	23 28	23 28
9	.. ..	.. ..	.. ..	.. ..	.. ..	.. ..	.. ..	.. ..	.. ..	.. ..	.. ..	.. ..	.. ..	.. ..
10	0 30	0 32	0 33	0 35	0 37	0 39	0 41	0 43	0 46	0 49	0 52	0 56	1 00	1 05
11	1 31	1 34	1 37	1 41	1 44	1 48	1 53	1 57	2 03	2 09	2 16	2 23	2 32	2 43
12	2 32	2 36	2 41	2 46	2 52	2 58	3 04	3 11	3 19	3 29	3 39	3 52	4 06	4 24
13	3 33	3 39	3 45	3 51	3 59	4 06	4 15	4 25	4 36	4 49	5 04	5 22	5 44	6 14
14	4 33	4 40	4 47	4 55	5 04	5 14	5 25	5 37	5 51	6 07	6 27	6 53	7 28	8 36
15	5 32	5 39	5 47	5 56	6 06	6 17	6 30	6 44	7 00	7 20	7 45	8 19	9 20	□
16	6 26	6 34	6 43	6 52	7 02	7 14	7 27	7 42	7 59	8 21	8 48	9 26	□	□
17	7 15	7 23	7 31	7 40	7 50	8 02	8 14	8 28	8 45	9 05	9 29	10 03	11 02	□
18	7 58	8 05	8 12	8 21	8 30	8 39	8 50	9 03	9 17	9 33	9 53	10 18	10 53	11 53
19	8 35	8 40	8 47	8 54	9 01	9 09	9 18	9 28	9 39	9 52	10 07	10 25	10 47	11 15
20	9 06	9 11	9 15	9 21	9 26	9 32	9 39	9 47	9 55	10 04	10 15	10 27	10 42	10 59
21	9 34	9 37	9 40	9 44	9 48	9 52	9 56	10 01	10 07	10 13	10 20	10 28	10 37	10 47
22	9 59	10 01	10 02	10 04	10 06	10 09	10 11	10 14	10 17	10 20	10 23	10 28	10 32	10 37
23	10 23	10 23	10 23	10 24	10 24	10 24	10 25	10 25	10 25	10 26	10 26	10 27	10 27	10 28
24	10 47	10 46	10 45	10 43	10 42	10 40	10 38	10 36	10 34	10 32	10 29	10 26	10 23	10 19

□ indicates Moon continuously above horizon.
■ indicates Moon continuously below horizon.
.. .. indicates phenomenon will occur the next day.

MOONRISE AND MOONSET, 2022

UNIVERSAL TIME FOR MERIDIAN OF GREENWICH

MOONRISE

Lat.	−55°	−50°	−45°	−40°	−35°	−30°	−20°	−10°	0°	+10°	+20°	+30°	+35°	+40°
	h m	h m	h m	h m	h m	h m	h m	h m	h m	h m	h m	h m	h m	h m
Jan. 23	22 32	22 34	22 35	22 36	22 38	22 39	22 40	22 42	22 43	22 45	22 46	22 48	22 49	22 50
24	22 43	22 50	22 57	23 02	23 06	23 10	23 17	23 24	23 29	23 35	23 42	23 49	23 53	23 58
25	22 55	23 09	23 20	23 30	23 38	23 45	23 57	.. ..	.. ..	.. ..	.. ..	.. ..	.. ..	.. ..
26	23 12	23 33	23 49	.. ..	.. ..	.. ..	.. ..	0 08	0 18	0 29	0 40	0 53	1 00	1 09
27	23 36	.. ..	.. ..	0 03	0 14	0 24	0 42	0 57	1 11	1 26	1 42	2 00	2 10	2 22
28	.. ..	0 04	0 25	0 43	0 57	1 10	1 32	1 51	2 09	2 27	2 47	3 09	3 22	3 38
29	0 13	0 47	1 12	1 32	1 49	2 04	2 29	2 51	3 11	3 31	3 53	4 19	4 34	4 51
30	1 09	1 45	2 12	2 33	2 51	3 07	3 32	3 55	4 16	4 37	4 59	5 25	5 41	5 59
31	2 25	2 59	3 24	3 44	4 01	4 15	4 40	5 01	5 20	5 40	6 01	6 25	6 39	6 56
Feb. 1	3 55	4 22	4 43	5 00	5 14	5 26	5 47	6 05	6 21	6 38	6 56	7 16	7 28	7 42
2	5 29	5 48	6 03	6 16	6 26	6 36	6 51	7 05	7 18	7 31	7 44	8 00	8 09	8 19
3	6 59	7 11	7 21	7 29	7 36	7 42	7 52	8 01	8 10	8 18	8 27	8 37	8 43	8 49
4	8 25	8 30	8 35	8 38	8 42	8 44	8 49	8 53	8 57	9 01	9 05	9 10	9 13	9 16
5	9 47	9 46	9 45	9 45	9 44	9 44	9 43	9 43	9 42	9 42	9 41	9 41	9 40	9 40
6	11 05	10 59	10 53	10 49	10 45	10 41	10 35	10 30	10 26	10 21	10 16	10 10	10 07	10 04
7	12 23	12 10	12 00	11 51	11 44	11 38	11 27	11 17	11 09	11 00	10 51	10 40	10 34	10 28
8	13 39	13 20	13 05	12 53	12 43	12 34	12 18	12 05	11 52	11 40	11 27	11 12	11 03	10 53
9	14 55	14 30	14 10	13 55	13 41	13 30	13 10	12 53	12 38	12 22	12 05	11 46	11 35	11 22
10	16 08	15 37	15 14	14 55	14 39	14 26	14 03	13 43	13 25	13 06	12 47	12 24	12 11	11 56
11	17 16	16 40	16 14	15 53	15 36	15 21	14 56	14 34	14 14	13 54	13 32	13 07	12 53	12 36
12	18 12	17 35	17 08	16 47	16 29	16 14	15 48	15 25	15 04	14 44	14 21	13 55	13 40	13 22
13	18 56	18 21	17 55	17 35	17 18	17 03	16 38	16 16	15 56	15 35	15 14	14 48	14 33	14 16
14	19 28	18 58	18 35	18 17	18 01	17 48	17 25	17 05	16 47	16 28	16 08	15 45	15 31	15 16
15	19 50	19 26	19 08	18 53	18 40	18 29	18 09	17 52	17 36	17 20	17 03	16 44	16 32	16 19
16	20 07	19 49	19 35	19 24	19 14	19 05	18 50	18 37	18 24	18 12	17 59	17 43	17 34	17 24

MOONSET

Lat.	−55°	−50°	−45°	−40°	−35°	−30°	−20°	−10°	0°	+10°	+20°	+30°	+35°	+40°
	h m	h m	h m	h m	h m	h m	h m	h m	h m	h m	h m	h m	h m	h m
Jan. 23	10 13	10 14	10 15	10 16	10 17	10 17	10 18	10 19	10 20	10 20	10 21	10 22	10 22	10 23
24	11 35	11 30	11 26	11 23	11 20	11 17	11 13	11 09	11 05	11 01	10 57	10 53	10 50	10 47
25	13 00	12 49	12 39	12 32	12 25	12 19	12 09	12 00	11 52	11 44	11 36	11 26	11 20	11 14
26	14 29	14 10	13 56	13 43	13 33	13 24	13 09	12 55	12 43	12 31	12 17	12 02	11 54	11 44
27	16 01	15 35	15 14	14 58	14 44	14 32	14 12	13 55	13 38	13 22	13 04	12 44	12 33	12 20
28	17 31	16 57	16 33	16 13	15 56	15 42	15 18	14 57	14 38	14 19	13 58	13 34	13 20	13 04
29	18 49	18 12	17 45	17 24	17 06	16 51	16 25	16 03	15 42	15 21	14 58	14 32	14 17	13 59
30	19 47	19 12	18 47	18 26	18 09	17 54	17 29	17 07	16 47	16 26	16 04	15 38	15 23	15 06
31	20 26	19 57	19 35	19 18	19 03	18 50	18 28	18 08	17 50	17 31	17 12	16 49	16 35	16 20
Feb. 1	20 51	20 30	20 13	19 59	19 48	19 37	19 19	19 04	18 49	18 34	18 18	17 59	17 49	17 36
2	21 08	20 54	20 43	20 33	20 25	20 18	20 05	19 54	19 43	19 32	19 21	19 08	19 00	18 51
3	21 21	21 14	21 07	21 02	20 57	20 53	20 45	20 39	20 33	20 26	20 20	20 12	20 08	20 03
4	21 32	21 30	21 28	21 27	21 26	21 24	21 22	21 21	21 19	21 17	21 15	21 13	21 12	21 10
5	21 42	21 45	21 48	21 51	21 53	21 54	21 58	22 00	22 03	22 06	22 08	22 12	22 13	22 16
6	21 52	22 01	22 08	22 14	22 19	22 24	22 32	22 39	22 46	22 53	23 00	23 09	23 13	23 19
7	22 03	22 17	22 29	22 39	22 47	22 55	23 08	23 19	23 30	23 40	23 52	.. ..	.. ..	.. ..
8	22 16	22 37	22 53	23 06	23 18	23 28	23 45	.. ..	.. ..	.. ..	.. ..	0 05	0 12	0 21
9	22 34	23 00	23 21	23 37	23 51	.. ..	.. ..	0 00	0 14	0 28	0 43	1 01	1 11	1 23
10	22 59	23 31	23 55	.. ..	.. ..	0 04	0 25	0 43	1 00	1 17	1 36	1 57	2 09	2 24
11	23 33	.. ..	.. ..	0 14	0 30	0 44	1 08	1 29	1 48	2 08	2 28	2 53	3 07	3 23
12	.. ..	0 09	0 36	0 57	1 15	1 30	1 55	2 17	2 38	2 59	3 21	3 47	4 02	4 19
13	0 22	0 59	1 26	1 47	2 05	2 20	2 46	3 08	3 29	3 50	4 12	4 38	4 53	5 10
14	1 24	1 58	2 24	2 44	3 01	3 15	3 40	4 01	4 20	4 40	5 01	5 25	5 39	5 55
15	2 37	3 06	3 28	3 46	4 00	4 13	4 35	4 53	5 11	5 28	5 47	6 08	6 20	6 34
16	3 56	4 19	4 36	4 50	5 02	5 12	5 30	5 45	6 00	6 14	6 29	6 46	6 56	7 07

.. .. indicates phenomenon will occur the next day.

UNIVERSAL TIME FOR MERIDIAN OF GREENWICH
MOONRISE

Lat.	+40°	+42°	+44°	+46°	+48°	+50°	+52°	+54°	+56°	+58°	+60°	+62°	+64°	+66°
	h m	h m	h m	h m	h m	h m	h m	h m	h m	h m	h m	h m	h m	h m
Jan. 23	22 50	22 51	22 52	22 52	22 53	22 54	22 54	22 55	22 56	22 57	22 59	23 00	23 02	23 03
24	23 58	.. ..	.. ..	.. ..	.. ..	.. ..	.. ..	.. ..	.. ..	.. ..	.. ..	.. ..	.. ..	.. ..
25	.. ..	0 00	0 03	0 05	0 08	0 11	0 14	0 17	0 21	0 26	0 31	0 36	0 43	0 50
26	1 09	1 13	1 17	1 21	1 26	1 31	1 37	1 43	1 50	1 58	2 07	2 18	2 31	2 46
27	2 22	2 28	2 34	2 40	2 47	2 55	3 03	3 13	3 23	3 36	3 50	4 07	4 29	4 57
28	3 38	3 45	3 52	4 00	4 09	4 19	4 30	4 43	4 57	5 15	5 35	6 02	6 41	■
29	4 51	4 59	5 08	5 17	5 28	5 39	5 52	6 07	6 25	6 46	7 13	7 52	■	■
30	5 59	6 07	6 15	6 25	6 35	6 47	7 00	7 16	7 34	7 55	8 23	9 03	■	■
31	6 56	7 03	7 11	7 19	7 29	7 39	7 51	8 04	8 20	8 38	9 00	9 28	10 10	■
Feb. 1	7 42	7 48	7 54	8 01	8 09	8 17	8 27	8 37	8 49	9 02	9 18	9 36	10 00	10 31
2	8 19	8 23	8 28	8 33	8 39	8 45	8 52	8 59	9 07	9 16	9 27	9 39	9 53	10 10
3	8 49	8 52	8 55	8 59	9 02	9 06	9 10	9 15	9 20	9 26	9 32	9 39	9 48	9 57
4	9 16	9 17	9 19	9 20	9 22	9 24	9 26	9 28	9 30	9 33	9 36	9 39	9 42	9 47
5	9 40	9 40	9 40	9 40	9 39	9 39	9 39	9 39	9 39	9 38	9 38	9 38	9 37	9 37
6	10 04	10 02	10 00	9 58	9 57	9 54	9 52	9 50	9 47	9 44	9 41	9 37	9 33	9 28
7	10 28	10 25	10 21	10 18	10 14	10 10	10 06	10 01	9 56	9 50	9 44	9 36	9 28	9 18
8	10 53	10 49	10 44	10 39	10 34	10 28	10 22	10 15	10 07	9 58	9 48	9 36	9 23	9 06
9	11 22	11 17	11 11	11 04	10 57	10 49	10 41	10 31	10 21	10 08	9 54	9 38	9 17	8 51
10	11 56	11 49	11 42	11 34	11 26	11 16	11 05	10 54	10 40	10 24	10 05	9 42	9 11	8 22
11	12 36	12 28	12 20	12 11	12 01	11 50	11 38	11 24	11 08	10 49	10 25	9 53	9 00	□
12	13 22	13 14	13 06	12 56	12 46	12 34	12 21	12 06	11 49	11 27	11 00	10 21	□	□
13	14 16	14 08	14 00	13 51	13 40	13 29	13 16	13 02	12 44	12 24	11 57	11 20	□	□
14	15 16	15 08	15 01	14 52	14 43	14 33	14 22	14 09	13 54	13 36	13 15	12 46	12 05	□
15	16 19	16 13	16 06	16 00	15 52	15 44	15 34	15 24	15 12	14 58	14 42	14 23	13 57	13 23
16	17 24	17 20	17 15	17 09	17 04	16 57	16 50	16 43	16 34	16 24	16 13	16 00	15 44	15 25

MOONSET

Lat.	+40°	+42°	+44°	+46°	+48°	+50°	+52°	+54°	+56°	+58°	+60°	+62°	+64°	+66°
	h m	h m	h m	h m	h m	h m	h m	h m	h m	h m	h m	h m	h m	h m
Jan. 23	10 23	10 23	10 23	10 24	10 24	10 24	10 25	10 25	10 25	10 25	10 26	10 26	10 27	10 28
24	10 47	10 46	10 45	10 43	10 42	10 40	10 38	10 36	10 34	10 32	10 29	10 26	10 23	10 19
25	11 14	11 11	11 08	11 05	11 01	10 58	10 53	10 49	10 44	10 39	10 32	10 26	10 18	10 08
26	11 44	11 39	11 35	11 30	11 24	11 18	11 12	11 05	10 57	10 48	10 38	10 26	10 12	9 56
27	12 20	12 14	12 07	12 00	11 53	11 45	11 36	11 26	11 14	11 01	10 46	10 28	10 06	9 37
28	13 04	12 57	12 49	12 40	12 31	12 21	12 09	11 56	11 41	11 24	11 02	10 35	9 56	■
29	13 59	13 51	13 43	13 33	13 23	13 11	12 58	12 43	12 25	12 04	11 36	10 57	■	■
30	15 06	14 58	14 49	14 39	14 29	14 17	14 04	13 49	13 31	13 10	12 42	12 02	■	■
31	16 20	16 12	16 05	15 56	15 47	15 37	15 26	15 13	14 58	14 40	14 19	13 51	13 10	■
Feb. 1	17 36	17 30	17 24	17 18	17 11	17 03	16 54	16 45	16 33	16 21	16 06	15 48	15 26	14 56
2	18 51	18 47	18 43	18 38	18 33	18 28	18 22	18 16	18 08	18 00	17 50	17 39	17 26	17 11
3	20 03	20 00	19 58	19 55	19 53	19 49	19 46	19 42	19 38	19 34	19 29	19 23	19 16	19 08
4	21 10	21 10	21 09	21 08	21 08	21 07	21 06	21 05	21 04	21 02	21 01	20 59	20 58	20 55
5	22 16	22 16	22 17	22 18	22 20	22 21	22 22	22 24	22 25	22 27	22 29	22 31	22 34	22 37
6	23 19	23 21	23 24	23 27	23 30	23 33	23 36	23 40	23 45	23 49	23 55	.. ..	.. ..	.. ..
7	.. ..	.. ..	.. ..	.. ..	.. ..	.. ..	.. ..	.. ..	.. ..	.. ..	.. ..	0 01	0 08	0 17
8	0 21	0 25	0 29	0 34	0 38	0 44	0 49	0 56	1 03	1 11	1 20	1 31	1 44	1 59
9	1 23	1 28	1 34	1 40	1 46	1 54	2 02	2 11	2 21	2 32	2 46	3 02	3 22	3 47
10	2 24	2 30	2 37	2 45	2 53	3 02	3 13	3 24	3 37	3 53	4 11	4 34	5 05	5 53
11	3 23	3 31	3 39	3 47	3 57	4 08	4 20	4 33	4 49	5 08	5 32	6 04	6 56	□
12	4 19	4 27	4 36	4 45	4 56	5 07	5 20	5 35	5 53	6 14	6 41	7 20	□	□
13	5 10	5 18	5 27	5 36	5 46	5 58	6 11	6 26	6 43	7 04	7 30	8 07	□	□
14	5 55	6 03	6 11	6 19	6 29	6 39	6 51	7 04	7 19	7 37	7 59	8 28	9 09	□
15	6 34	6 40	6 47	6 55	7 03	7 11	7 21	7 32	7 44	7 58	8 15	8 36	9 01	9 37
16	7 07	7 12	7 18	7 24	7 30	7 37	7 44	7 53	8 02	8 12	8 24	8 38	8 55	9 16

□ indicates Moon continuously above horizon.
■ indicates Moon continuously below horizon.
.. .. indicates phenomenon will occur the next day.

MOONRISE AND MOONSET, 2022

UNIVERSAL TIME FOR MERIDIAN OF GREENWICH

MOONRISE

Lat.	−55°	−50°	−45°	−40°	−35°	−30°	−20°	−10°	0°	+10°	+20°	+30°	+35°	+40°
	h m	h m	h m	h m	h m	h m	h m	h m	h m	h m	h m	h m	h m	h m
Feb. 15	19 50	19 26	19 08	18 53	18 40	18 29	18 09	17 52	17 36	17 20	17 03	16 44	16 32	16 19
16	20 07	19 49	19 35	19 24	19 14	19 05	18 50	18 37	18 24	18 12	17 59	17 43	17 34	17 24
17	20 19	20 08	19 59	19 51	19 44	19 39	19 28	19 19	19 11	19 03	18 53	18 43	18 37	18 30
18	20 30	20 25	20 20	20 16	20 13	20 10	20 05	20 01	19 56	19 52	19 48	19 43	19 40	19 36
19	20 40	20 40	20 40	20 41	20 41	20 41	20 41	20 41	20 42	20 42	20 42	20 43	20 43	20 43
20	20 50	20 56	21 01	21 05	21 09	21 12	21 18	21 23	21 28	21 32	21 38	21 43	21 47	21 51
21	21 02	21 14	21 24	21 32	21 39	21 46	21 57	22 06	22 16	22 25	22 35	22 46	22 53	23 01
22	21 17	21 36	21 51	22 03	22 14	22 23	22 39	22 53	23 07	23 20	23 35	23 51	.. ..	.. ..
23	21 37	22 03	22 23	22 40	22 53	23 06	23 26	23 45	.. ..	.. ..	.. ..	.. ..	0 01	0 13
24	22 08	22 40	23 05	23 25	23 41	23 55	.. ..	.. ..	0 02	0 19	0 37	0 59	1 12	1 26
25	22 54	23 31	23 58	.. ..	.. ..	.. ..	0 20	0 41	1 01	1 21	1 42	2 07	2 22	2 39
26	.. ..	.. ..	.. ..	0 20	0 37	0 53	1 19	1 42	2 03	2 24	2 46	3 13	3 28	3 46
27	0 01	0 37	1 04	1 25	1 42	1 57	2 23	2 45	3 05	3 26	3 48	4 13	4 28	4 45
28	1 25	1 55	2 18	2 37	2 52	3 06	3 28	3 48	4 06	4 24	4 44	5 06	5 19	5 34
Mar. 1	2 56	3 19	3 37	3 52	4 04	4 15	4 33	4 49	5 03	5 18	5 34	5 52	6 02	6 14
2	4 27	4 43	4 55	5 05	5 14	5 22	5 35	5 46	5 57	6 07	6 18	6 31	6 38	6 47
3	5 56	6 04	6 11	6 17	6 22	6 26	6 33	6 40	6 46	6 52	6 58	7 06	7 10	7 15
4	7 20	7 22	7 24	7 25	7 26	7 27	7 29	7 31	7 32	7 34	7 35	7 37	7 38	7 40
5	8 41	8 37	8 34	8 31	8 29	8 26	8 23	8 20	8 17	8 14	8 11	8 08	8 06	8 04
6	10 01	9 50	9 42	9 35	9 30	9 24	9 16	9 08	9 01	8 54	8 46	8 38	8 33	8 27
7	11 20	11 03	10 50	10 39	10 30	10 22	10 08	9 56	9 45	9 34	9 22	9 09	9 01	8 53
8	12 37	12 14	11 56	11 42	11 30	11 19	11 01	10 45	10 30	10 16	10 00	9 42	9 32	9 21
9	13 53	13 24	13 01	12 44	12 29	12 16	11 54	11 35	11 17	11 00	10 41	10 19	10 07	9 52
10	15 04	14 29	14 04	13 43	13 26	13 12	12 47	12 26	12 06	11 46	11 25	11 01	10 46	10 30
11	16 06	15 28	15 01	14 39	14 21	14 05	13 39	13 17	12 56	12 35	12 13	11 47	11 31	11 14

MOONSET

	−55°	−50°	−45°	−40°	−35°	−30°	−20°	−10°	0°	+10°	+20°	+30°	+35°	+40°
	h m	h m	h m	h m	h m	h m	h m	h m	h m	h m	h m	h m	h m	h m
Feb. 15	2 37	3 06	3 28	3 46	4 00	4 13	4 35	4 53	5 11	5 28	5 47	6 08	6 20	6 34
16	3 56	4 19	4 36	4 50	5 02	5 12	5 30	5 45	6 00	6 14	6 29	6 46	6 56	7 07
17	5 17	5 33	5 46	5 56	6 04	6 12	6 25	6 36	6 47	6 57	7 08	7 21	7 28	7 36
18	6 39	6 48	6 56	7 02	7 07	7 12	7 20	7 26	7 33	7 39	7 46	7 53	7 58	8 03
19	8 01	8 04	8 06	8 08	8 10	8 11	8 14	8 16	8 18	8 20	8 22	8 24	8 26	8 27
20	9 24	9 20	9 18	9 15	9 13	9 12	9 08	9 06	9 03	9 01	8 58	8 55	8 53	8 51
21	10 48	10 38	10 30	10 24	10 18	10 13	10 05	9 57	9 50	9 43	9 36	9 27	9 22	9 17
22	12 16	11 59	11 46	11 35	11 25	11 17	11 03	10 51	10 39	10 28	10 16	10 02	9 54	9 45
23	13 46	13 21	13 03	12 47	12 35	12 23	12 04	11 48	11 32	11 17	11 01	10 42	10 31	10 19
24	15 15	14 43	14 20	14 01	13 45	13 31	13 08	12 48	12 29	12 11	11 51	11 28	11 14	10 59
25	16 36	15 59	15 32	15 11	14 54	14 39	14 13	13 51	13 30	13 09	12 47	12 21	12 06	11 49
26	17 40	17 03	16 36	16 15	15 57	15 42	15 16	14 53	14 33	14 11	13 49	13 23	13 07	12 49
27	18 24	17 52	17 28	17 09	16 53	16 39	16 15	15 54	15 35	15 15	14 54	14 29	14 15	13 58
28	18 53	18 28	18 09	17 53	17 40	17 28	17 08	16 51	16 34	16 17	15 59	15 39	15 26	15 12
Mar. 1	19 13	18 55	18 41	18 29	18 19	18 11	17 55	17 42	17 29	17 17	17 03	16 47	16 38	16 27
2	19 27	19 16	19 07	19 00	18 53	18 47	18 38	18 29	18 20	18 12	18 03	17 53	17 47	17 40
3	19 38	19 33	19 29	19 26	19 23	19 21	19 16	19 12	19 08	19 04	19 00	18 56	18 53	18 50
4	19 48	19 49	19 50	19 50	19 51	19 51	19 52	19 53	19 54	19 54	19 55	19 56	19 56	19 57
5	19 58	20 04	20 10	20 14	20 18	20 22	20 28	20 33	20 38	20 43	20 48	20 54	20 58	21 02
6	20 08	20 20	20 30	20 39	20 46	20 52	21 03	21 13	21 22	21 31	21 41	21 52	21 59	22 06
7	20 20	20 38	20 53	21 05	21 15	21 24	21 40	21 54	22 07	22 20	22 33	22 49	22 59	23 09
8	20 36	21 00	21 19	21 35	21 48	21 59	22 19	22 36	22 53	23 09	23 26	23 46	23 58	.. ..
9	20 57	21 28	21 51	22 09	22 25	22 38	23 02	23 22	23 40	23 59	.. ..	.. ..	.. ..	0 12
10	21 27	22 03	22 29	22 50	23 07	23 22	23 47	.. ..	.. ..	.. ..	0 19	0 43	0 57	1 13
11	22 10	22 48	23 15	23 37	23 55	.. ..	.. ..	0 09	0 30	0 50	1 12	1 38	1 53	2 10

.. .. indicates phenomenon will occur the next day.

UNIVERSAL TIME FOR MERIDIAN OF GREENWICH

MOONRISE

Lat.	+40°	+42°	+44°	+46°	+48°	+50°	+52°	+54°	+56°	+58°	+60°	+62°	+64°	+66°
	h m	h m	h m	h m	h m	h m	h m	h m	h m	h m	h m	h m	h m	h m
Feb. 15	16 19	16 13	16 06	16 00	15 52	15 44	15 34	15 24	15 12	14 58	14 42	14 23	13 57	13 23
16	17 24	17 20	17 15	17 09	17 04	16 57	16 50	16 43	16 34	16 24	16 13	16 00	15 44	15 25
17	18 30	18 27	18 24	18 20	18 16	18 12	18 08	18 03	17 57	17 51	17 44	17 36	17 26	17 15
18	19 36	19 35	19 33	19 32	19 30	19 28	19 26	19 23	19 21	19 18	19 14	19 11	19 06	19 01
19	20 43	20 43	20 43	20 43	20 43	20 44	20 44	20 44	20 44	20 44	20 45	20 45	20 45	20 46
20	21 51	21 53	21 54	21 56	21 59	22 01	22 03	22 06	22 09	22 13	22 17	22 21	22 26	22 32
21	23 01	23 04	23 08	23 11	23 16	23 20	23 25	23 31	23 37	23 44	23 52	.. ..	.. ..	.. ..
22	.. ..	.. ..	.. ..	.. ..	.. ..	.. ..	.. ..	.. ..	.. ..	.. ..	.. ..	0 01	0 12	0 25
23	0 13	0 18	0 23	0 29	0 35	0 42	0 50	0 59	1 08	1 19	1 32	1 48	2 06	2 30
24	1 26	1 33	1 40	1 48	1 56	2 05	2 16	2 27	2 41	2 57	3 16	3 40	4 12	5 06
25	2 39	2 46	2 55	3 04	3 14	3 25	3 38	3 52	4 09	4 30	4 56	5 32	6 47	■
26	3 46	3 55	4 03	4 13	4 24	4 36	4 49	5 05	5 23	5 46	6 15	6 59	■	■
27	4 45	4 53	5 02	5 11	5 21	5 32	5 45	5 59	6 16	6 36	7 02	7 36	8 38	■
28	5 34	5 41	5 48	5 56	6 05	6 14	6 25	6 36	6 50	7 05	7 24	7 47	8 17	9 03
Mar. 1	6 14	6 19	6 25	6 31	6 38	6 45	6 53	7 01	7 11	7 22	7 35	7 50	8 08	8 31
2	6 47	6 50	6 54	6 58	7 03	7 08	7 13	7 19	7 26	7 33	7 41	7 51	8 02	8 14
3	7 15	7 17	7 19	7 21	7 24	7 27	7 30	7 33	7 37	7 41	7 45	7 50	7 56	8 02
4	7 40	7 40	7 41	7 41	7 42	7 43	7 44	7 44	7 45	7 46	7 48	7 49	7 50	7 52
5	8 04	8 03	8 02	8 00	7 59	7 58	7 57	7 55	7 54	7 52	7 50	7 48	7 45	7 42
6	8 27	8 25	8 22	8 20	8 17	8 14	8 10	8 06	8 02	7 57	7 52	7 46	7 40	7 32
7	8 53	8 49	8 45	8 40	8 36	8 30	8 25	8 19	8 12	8 04	7 56	7 46	7 34	7 20
8	9 21	9 15	9 10	9 04	8 57	8 50	8 42	8 34	8 24	8 13	8 01	7 46	7 28	7 06
9	9 52	9 46	9 39	9 32	9 24	9 15	9 05	8 53	8 41	8 26	8 09	7 48	7 21	6 43
10	10 30	10 22	10 14	10 06	9 56	9 46	9 34	9 20	9 05	8 46	8 24	7 54	7 10	▢
11	11 14	11 06	10 57	10 48	10 37	10 26	10 12	9 57	9 40	9 18	8 51	8 12	▢	▢

MOONSET

Lat.	+40°	+42°	+44°	+46°	+48°	+50°	+52°	+54°	+56°	+58°	+60°	+62°	+64°	+66°
	h m	h m	h m	h m	h m	h m	h m	h m	h m	h m	h m	h m	h m	h m
Feb. 15	6 34	6 40	6 47	6 55	7 03	7 11	7 21	7 32	7 44	7 58	8 15	8 36	9 01	9 37
16	7 07	7 12	7 18	7 24	7 30	7 37	7 44	7 53	8 02	8 12	8 24	8 38	8 55	9 16
17	7 36	7 40	7 44	7 48	7 52	7 57	8 03	8 08	8 15	8 22	8 30	8 39	8 50	9 02
18	8 03	8 05	8 07	8 09	8 12	8 15	8 18	8 21	8 25	8 29	8 34	8 39	8 45	8 52
19	8 27	8 28	8 28	8 29	8 30	8 31	8 32	8 33	8 34	8 35	8 36	8 38	8 40	8 42
20	8 51	8 51	8 50	8 49	8 48	8 47	8 45	8 44	8 42	8 41	8 39	8 37	8 35	8 32
21	9 17	9 15	9 12	9 09	9 06	9 03	9 00	8 56	8 52	8 47	8 42	8 36	8 29	8 21
22	9 45	9 41	9 37	9 33	9 28	9 22	9 17	9 10	9 03	8 55	8 46	8 36	8 24	8 09
23	10 19	10 13	10 07	10 01	9 54	9 46	9 38	9 29	9 18	9 06	8 53	8 36	8 17	7 52
24	10 59	10 52	10 45	10 37	10 28	10 18	10 07	9 55	9 41	9 24	9 05	8 40	8 07	7 13
25	11 49	11 41	11 32	11 23	11 13	11 01	10 48	10 34	10 16	9 56	9 30	8 53	7 37	■
26	12 49	12 41	12 32	12 22	12 12	12 00	11 46	11 30	11 12	10 50	10 20	9 37	■	■
27	13 58	13 51	13 42	13 33	13 23	13 12	13 00	12 46	12 29	12 10	11 45	11 10	10 09	■
28	15 12	15 06	14 59	14 52	14 43	14 34	14 24	14 13	14 00	13 45	13 27	13 05	12 36	11 51
Mar. 1	16 27	16 22	16 17	16 12	16 06	15 59	15 52	15 44	15 35	15 24	15 13	14 58	14 41	14 20
2	17 40	17 37	17 33	17 30	17 26	17 22	17 17	17 12	17 07	17 01	16 53	16 45	16 36	16 24
3	18 50	18 48	18 47	18 45	18 43	18 42	18 40	18 37	18 35	18 32	18 29	18 25	18 21	18 16
4	19 57	19 57	19 57	19 58	19 58	19 58	19 58	19 59	19 59	20 00	20 00	20 01	20 01	20 02
5	21 02	21 04	21 06	21 08	21 10	21 12	21 15	21 18	21 21	21 25	21 29	21 33	21 38	21 44
6	22 06	22 09	22 13	22 17	22 21	22 25	22 30	22 36	22 42	22 48	22 56	23 05	23 15	23 28
7	23 09	23 14	23 19	23 25	23 31	23 37	23 44	23 52	.. ..	.. ..	.. ..	.. ..	.. ..	.. ..
8	.. ..	.. ..	.. ..	.. ..	.. ..	.. ..	.. ..	.. ..	0 02	0 12	0 24	0 38	0 54	1 15
9	0 12	0 18	0 24	0 32	0 39	0 48	0 57	1 08	1 20	1 34	1 51	2 12	2 38	3 15
10	1 13	1 20	1 28	1 36	1 45	1 56	2 07	2 20	2 36	2 54	3 16	3 45	4 29	▢
11	2 10	2 18	2 27	2 36	2 47	2 58	3 11	3 26	3 43	4 05	4 32	5 11	▢	▢

▢ indicates Moon continuously above horizon.
■ indicates Moon continuously below horizon.
.. .. indicates phenomenon will occur the next day.

MOONRISE AND MOONSET, 2022

UNIVERSAL TIME FOR MERIDIAN OF GREENWICH

MOONRISE

Lat.	−55°	−50°	−45°	−40°	−35°	−30°	−20°	−10°	0°	+10°	+20°	+30°	+35°	+40°
	h m	h m	h m	h m	h m	h m	h m	h m	h m	h m	h m	h m	h m	h m
Mar. 9	13 53	13 24	13 01	12 44	12 29	12 16	11 54	11 35	11 17	11 00	10 41	10 19	10 07	9 52
10	15 04	14 29	14 04	13 43	13 26	13 12	12 47	12 26	12 06	11 46	11 25	11 01	10 46	10 30
11	16 06	15 28	15 01	14 39	14 21	14 05	13 39	13 17	12 56	12 35	12 13	11 47	11 31	11 14
12	16 54	16 18	15 51	15 29	15 11	14 56	14 30	14 08	13 47	13 26	13 04	12 38	12 22	12 05
13	17 30	16 57	16 33	16 13	15 57	15 43	15 18	14 57	14 38	14 18	13 57	13 33	13 18	13 02
14	17 55	17 28	17 08	16 51	16 37	16 25	16 04	15 45	15 28	15 11	14 52	14 31	14 18	14 04
15	18 13	17 53	17 37	17 24	17 13	17 03	16 46	16 31	16 17	16 03	15 48	15 30	15 20	15 08
16	18 27	18 13	18 02	17 52	17 44	17 37	17 25	17 14	17 04	16 54	16 43	16 30	16 23	16 15
17	18 38	18 30	18 24	18 18	18 14	18 10	18 03	17 56	17 50	17 44	17 38	17 31	17 27	17 22
18	18 48	18 46	18 45	18 43	18 42	18 41	18 39	18 38	18 36	18 35	18 33	18 32	18 31	18 30
19	18 58	19 02	19 05	19 08	19 11	19 13	19 17	19 20	19 23	19 26	19 30	19 34	19 36	19 39
20	19 09	19 19	19 28	19 35	19 41	19 46	19 55	20 04	20 11	20 19	20 28	20 38	20 43	20 50
21	19 23	19 40	19 53	20 04	20 14	20 22	20 37	20 50	21 02	21 15	21 28	21 43	21 52	22 03
22	19 41	20 05	20 24	20 39	20 52	21 04	21 24	21 41	21 57	22 13	22 31	22 51	23 03	23 17
23	20 08	20 39	21 03	21 22	21 38	21 52	22 15	22 36	22 55	23 15	23 36	.. ..	.. ..	.. ..
24	20 49	21 25	21 52	22 13	22 31	22 47	23 13	23 35	23 56	.. ..	.. ..	0 00	0 14	0 31
25	21 48	22 26	22 53	23 15	23 33	23 48	.. ..	.. ..	.. ..	0 17	0 40	1 07	1 22	1 40
26	23 06	23 39	.. ..	.. ..	.. ..	.. ..	0 14	0 37	0 58	1 19	1 42	2 08	2 23	2 41
27	.. ..	.. ..	0 04	0 24	0 40	0 54	1 18	1 39	1 58	2 18	2 38	3 02	3 16	3 32
28	0 34	1 00	1 20	1 36	1 50	2 02	2 22	2 39	2 56	3 12	3 29	3 49	4 00	4 13
29	2 04	2 22	2 37	2 49	2 59	3 08	3 23	3 36	3 49	4 01	4 14	4 29	4 37	4 47
30	3 31	3 43	3 52	4 00	4 06	4 12	4 22	4 30	4 38	4 46	4 55	5 04	5 10	5 16
31	4 56	5 01	5 05	5 08	5 11	5 13	5 17	5 21	5 25	5 28	5 32	5 36	5 38	5 41
Apr. 1	6 18	6 16	6 15	6 14	6 13	6 13	6 11	6 10	6 09	6 08	6 07	6 06	6 06	6 05
2	7 38	7 30	7 24	7 19	7 15	7 11	7 04	6 59	6 53	6 48	6 42	6 36	6 32	6 28

MOONSET

Lat.	−55°	−50°	−45°	−40°	−35°	−30°	−20°	−10°	0°	+10°	+20°	+30°	+35°	+40°
	h m	h m	h m	h m	h m	h m	h m	h m	h m	h m	h m	h m	h m	h m
Mar. 9	20 57	21 28	21 51	22 09	22 25	22 38	23 02	23 22	23 40	23 59	.. ..	.. ..	.. ..	0 12
10	21 27	22 03	22 29	22 50	23 07	23 22	23 47	.. ..	.. ..	.. ..	0 19	0 43	0 57	1 13
11	22 10	22 48	23 15	23 37	23 55	.. ..	.. ..	0 09	0 30	0 50	1 12	1 38	1 53	2 10
12	23 07	23 43	.. ..	.. ..	.. ..	0 11	0 37	0 59	1 20	1 42	2 04	2 30	2 46	3 04
13	.. ..	.. ..	0 10	0 31	0 49	1 04	1 29	1 51	2 12	2 32	2 54	3 19	3 34	3 51
14	0 16	0 48	1 12	1 31	1 47	2 00	2 24	2 44	3 02	3 21	3 40	4 03	4 16	4 32
15	1 34	1 59	2 19	2 34	2 48	2 59	3 19	3 36	3 52	4 07	4 24	4 43	4 54	5 07
16	2 55	3 14	3 28	3 40	3 50	3 59	4 14	4 27	4 40	4 52	5 05	5 19	5 28	5 37
17	4 18	4 30	4 39	4 47	4 54	4 59	5 09	5 18	5 26	5 34	5 43	5 53	5 58	6 04
18	5 41	5 46	5 51	5 54	5 57	6 00	6 05	6 09	6 12	6 16	6 20	6 24	6 27	6 30
19	7 05	7 04	7 03	7 03	7 02	7 01	7 00	6 59	6 58	6 58	6 57	6 55	6 55	6 54
20	8 32	8 24	8 18	8 12	8 08	8 04	7 57	7 51	7 46	7 40	7 34	7 28	7 24	7 20
21	10 01	9 46	9 34	9 24	9 16	9 09	8 56	8 45	8 35	8 25	8 14	8 02	7 55	7 47
22	11 32	11 10	10 52	10 38	10 26	10 16	9 58	9 42	9 28	9 14	8 58	8 41	8 31	8 19
23	13 04	12 33	12 11	11 53	11 37	11 24	11 02	10 42	10 24	10 06	9 47	9 25	9 12	8 57
24	14 28	13 52	13 26	13 05	12 47	12 32	12 07	11 45	11 24	11 04	10 42	10 16	10 02	9 44
25	15 37	14 59	14 32	14 10	13 52	13 36	13 10	12 47	12 26	12 05	11 42	11 15	10 59	10 41
26	16 26	15 52	15 26	15 06	14 49	14 34	14 09	13 48	13 27	13 07	12 45	12 19	12 04	11 47
27	16 58	16 30	16 09	15 52	15 38	15 25	15 03	14 44	14 26	14 08	13 49	13 26	13 13	12 58
28	17 19	16 59	16 43	16 29	16 18	16 08	15 51	15 36	15 21	15 07	14 51	14 34	14 23	14 11
29	17 34	17 21	17 10	17 01	16 53	16 46	16 34	16 23	16 13	16 02	15 51	15 39	15 31	15 23
30	17 46	17 39	17 33	17 27	17 23	17 19	17 12	17 06	17 01	16 55	16 49	16 41	16 37	16 33
31	17 56	17 54	17 53	17 52	17 51	17 50	17 49	17 47	17 46	17 45	17 43	17 42	17 41	17 40
Apr. 1	18 05	18 09	18 12	18 15	18 18	18 20	18 24	18 27	18 30	18 34	18 37	18 41	18 43	18 45
2	18 14	18 24	18 32	18 39	18 45	18 50	18 59	19 07	19 14	19 22	19 30	19 39	19 44	19 50

.. .. indicates phenomenon will occur the next day.

UNIVERSAL TIME FOR MERIDIAN OF GREENWICH
MOONRISE

Lat.	+40°	+42°	+44°	+46°	+48°	+50°	+52°	+54°	+56°	+58°	+60°	+62°	+64°	+66°
	h m	h m	h m	h m	h m	h m	h m	h m	h m	h m	h m	h m	h m	h m
Mar. 9	9 52	9 46	9 39	9 32	9 24	9 15	9 05	8 53	8 41	8 26	8 09	7 48	7 21	6 43
10	10 30	10 22	10 14	10 06	9 56	9 46	9 34	9 20	9 05	8 46	8 24	7 54	7 10	▭
11	11 14	11 06	10 57	10 48	10 37	10 26	10 12	9 57	9 40	9 18	8 51	8 12	▭	▭
12	12 05	11 56	11 48	11 38	11 28	11 16	11 03	10 47	10 30	10 08	9 39	8 58	▭	▭
13	13 02	12 54	12 46	12 37	12 27	12 16	12 04	11 50	11 34	11 15	10 50	10 17	9 20	▭
14	14 04	13 57	13 50	13 42	13 34	13 25	13 14	13 03	12 50	12 34	12 15	11 52	11 21	10 30
15	15 08	15 03	14 58	14 52	14 45	14 38	14 30	14 21	14 11	13 59	13 46	13 30	13 11	12 46
16	16 15	16 11	16 07	16 03	15 58	15 53	15 48	15 42	15 35	15 27	15 18	15 08	14 56	14 42
17	17 22	17 20	17 17	17 15	17 12	17 10	17 06	17 03	16 59	16 55	16 50	16 45	16 39	16 31
18	18 30	18 29	18 29	18 28	18 28	18 27	18 26	18 25	18 25	18 24	18 23	18 21	18 20	18 18
19	19 39	19 40	19 41	19 43	19 44	19 46	19 47	19 49	19 51	19 54	19 56	19 59	20 03	20 07
20	20 50	20 53	20 56	20 59	21 03	21 06	21 11	21 15	21 21	21 27	21 33	21 41	21 50	22 00
21	22 03	22 07	22 12	22 18	22 23	22 30	22 37	22 44	22 53	23 03	23 15	23 28	23 44	.. ..
22	23 17	23 24	23 30	23 38	23 46	23 54	.. ..	.. ..	.. ..	.. ..	.. ..	.. ..	.. ..	0 04
23	.. ..	.. ..	.. ..	.. ..	.. ..	.. ..	0 04	0 15	0 28	0 42	1 00	1 21	1 49	2 31
24	0 31	0 39	0 47	0 56	1 06	1 16	1 29	1 43	1 59	2 19	2 43	3 17	4 16	▬
25	1 40	1 49	1 58	2 07	2 18	2 30	2 44	3 00	3 18	3 41	4 11	4 57	▬	▬
26	2 41	2 49	2 58	3 08	3 18	3 30	3 43	3 59	4 17	4 38	5 06	5 47	▬	▬
27	3 32	3 39	3 47	3 56	4 05	4 15	4 27	4 39	4 54	5 12	5 33	6 00	6 38	▬
28	4 13	4 19	4 26	4 32	4 40	4 48	4 57	5 07	5 18	5 31	5 46	6 04	6 25	6 54
29	4 47	4 52	4 56	5 01	5 07	5 12	5 19	5 26	5 34	5 42	5 52	6 04	6 17	6 34
30	5 16	5 19	5 22	5 25	5 28	5 32	5 36	5 40	5 45	5 50	5 56	6 03	6 11	6 20
31	5 41	5 42	5 44	5 45	5 47	5 48	5 50	5 52	5 54	5 56	5 59	6 01	6 05	6 09
Apr. 1	6 05	6 05	6 04	6 04	6 04	6 03	6 03	6 02	6 02	6 01	6 01	6 00	5 59	5 58
2	6 28	6 27	6 25	6 23	6 20	6 18	6 15	6 13	6 10	6 06	6 02	5 58	5 53	5 48

MOONSET

Lat.	+40°	+42°	+44°	+46°	+48°	+50°	+52°	+54°	+56°	+58°	+60°	+62°	+64°	+66°
	h m	h m	h m	h m	h m	h m	h m	h m	h m	h m	h m	h m	h m	h m
Mar. 9	0 12	0 18	0 24	0 32	0 39	0 48	0 57	1 08	1 20	1 34	1 51	2 12	2 38	3 15
10	1 13	1 20	1 28	1 36	1 45	1 56	2 07	2 20	2 36	2 54	3 16	3 45	4 29	▭
11	2 10	2 18	2 27	2 36	2 47	2 58	3 11	3 26	3 43	4 05	4 32	5 11	▭	▭
12	3 04	3 12	3 20	3 30	3 41	3 52	4 06	4 21	4 39	5 01	5 29	6 11	▭	▭
13	3 51	3 58	4 07	4 16	4 26	4 37	4 49	5 04	5 20	5 40	6 04	6 38	7 36	▭
14	4 32	4 38	4 46	4 54	5 02	5 12	5 23	5 35	5 49	6 05	6 24	6 48	7 20	8 11
15	5 07	5 12	5 18	5 25	5 32	5 40	5 48	5 58	6 08	6 20	6 34	6 51	7 11	7 37
16	5 37	5 41	5 46	5 51	5 56	6 02	6 08	6 15	6 22	6 31	6 41	6 52	7 05	7 20
17	6 04	6 07	6 10	6 13	6 17	6 20	6 24	6 28	6 33	6 39	6 45	6 51	6 59	7 08
18	6 30	6 31	6 32	6 33	6 35	6 37	6 38	6 40	6 42	6 45	6 47	6 50	6 53	6 57
19	6 54	6 54	6 53	6 53	6 53	6 52	6 52	6 51	6 51	6 50	6 49	6 49	6 48	6 47
20	7 20	7 18	7 16	7 13	7 11	7 09	7 06	7 03	7 00	6 56	6 52	6 47	6 42	6 36
21	7 47	7 44	7 40	7 36	7 32	7 27	7 22	7 16	7 10	7 03	6 55	6 46	6 36	6 24
22	8 19	8 14	8 09	8 03	7 56	7 49	7 42	7 33	7 24	7 13	7 00	6 46	6 29	6 07
23	8 57	8 51	8 44	8 36	8 28	8 18	8 08	7 56	7 43	7 28	7 10	6 48	6 19	5 37
24	9 44	9 37	9 28	9 19	9 09	8 58	8 45	8 31	8 14	7 54	7 29	6 55	5 56	▬
25	10 41	10 33	10 24	10 14	10 03	9 51	9 37	9 21	9 03	8 40	8 10	7 24	▬	▬
26	11 47	11 39	11 30	11 21	11 10	10 59	10 46	10 30	10 13	9 51	9 24	8 44	▬	▬
27	12 58	12 51	12 44	12 35	12 27	12 17	12 06	11 53	11 39	11 22	11 01	10 35	9 57	▬
28	14 11	14 06	14 00	13 53	13 47	13 39	13 31	13 21	13 11	12 59	12 45	12 28	12 07	11 39
29	15 23	15 19	15 15	15 11	15 06	15 01	14 55	14 49	14 42	14 34	14 25	14 15	14 03	13 48
30	16 33	16 30	16 28	16 26	16 23	16 20	16 17	16 14	16 10	16 06	16 01	15 56	15 49	15 42
31	17 40	17 39	17 39	17 38	17 38	17 37	17 36	17 36	17 35	17 34	17 33	17 32	17 30	17 29
Apr. 1	18 45	18 47	18 48	18 49	18 50	18 52	18 54	18 55	18 57	19 00	19 02	19 05	19 08	19 12
2	19 50	19 53	19 56	19 59	20 02	20 06	20 10	20 14	20 19	20 24	20 30	20 37	20 45	20 55

▭ indicates Moon continuously above horizon.
▬ indicates Moon continuously below horizon.
.. .. indicates phenomenon will occur the next day.

MOONRISE AND MOONSET, 2022

UNIVERSAL TIME FOR MERIDIAN OF GREENWICH

MOONRISE

Lat.	−55°	−50°	−45°	−40°	−35°	−30°	−20°	−10°	0°	+10°	+20°	+30°	+35°	+40°
	h m	h m	h m	h m	h m	h m	h m	h m	h m	h m	h m	h m	h m	h m
Apr. 1	6 18	6 16	6 15	6 14	6 13	6 13	6 11	6 10	6 09	6 08	6 07	6 06	6 06	6 05
2	7 38	7 30	7 24	7 19	7 15	7 11	7 04	6 59	6 53	6 48	6 42	6 36	6 32	6 28
3	8 58	8 44	8 33	8 23	8 16	8 09	7 57	7 47	7 37	7 28	7 18	7 07	7 00	6 53
4	10 17	9 57	9 40	9 27	9 16	9 07	8 50	8 36	8 22	8 09	7 55	7 39	7 30	7 19
5	11 35	11 08	10 47	10 31	10 17	10 04	9 44	9 26	9 09	8 53	8 35	8 15	8 03	7 50
6	12 50	12 16	11 52	11 32	11 15	11 01	10 37	10 17	9 57	9 38	9 18	8 54	8 41	8 25
7	13 56	13 19	12 51	12 30	12 12	11 56	11 30	11 08	10 47	10 27	10 04	9 39	9 24	9 06
8	14 50	14 12	13 44	13 22	13 04	12 49	12 22	11 59	11 38	11 17	10 54	10 28	10 12	9 54
9	15 30	14 55	14 29	14 09	13 51	13 36	13 11	12 49	12 29	12 08	11 46	11 21	11 06	10 48
10	15 59	15 29	15 07	14 48	14 33	14 20	13 57	13 37	13 19	13 00	12 40	12 17	12 04	11 48
11	16 19	15 56	15 38	15 23	15 10	14 59	14 40	14 23	14 08	13 52	13 35	13 16	13 04	12 51
12	16 34	16 17	16 04	15 52	15 43	15 34	15 20	15 07	14 55	14 43	14 30	14 15	14 06	13 56
13	16 46	16 35	16 26	16 19	16 13	16 07	15 58	15 49	15 41	15 33	15 25	15 15	15 09	15 03
14	16 56	16 51	16 47	16 44	16 41	16 39	16 35	16 31	16 27	16 24	16 20	16 15	16 13	16 10
15	17 06	17 07	17 08	17 09	17 10	17 10	17 12	17 13	17 14	17 15	17 16	17 17	17 18	17 19
16	17 16	17 23	17 30	17 35	17 39	17 43	17 50	17 56	18 02	18 08	18 14	18 21	18 26	18 30
17	17 28	17 42	17 54	18 03	18 12	18 19	18 31	18 42	18 53	19 04	19 15	19 28	19 36	19 45
18	17 45	18 06	18 23	18 37	18 49	18 59	19 17	19 33	19 48	20 03	20 19	20 38	20 49	21 01
19	18 08	18 37	18 59	19 17	19 33	19 46	20 08	20 28	20 47	21 05	21 25	21 49	22 02	22 18
20	18 44	19 20	19 46	20 07	20 25	20 40	21 05	21 28	21 49	22 10	22 32	22 58	23 14	23 32
21	19 39	20 17	20 45	21 07	21 25	21 41	22 07	22 30	22 52	23 13	23 36	.. ..	.. ..	.. ..
22	20 53	21 28	21 54	22 15	22 32	22 47	23 12	23 33	23 54	.. ..	.. ..	0 03	0 19	0 37
23	22 19	22 48	23 09	23 27	23 41	23 54	.. ..	.. ..	.. ..	0 14	0 35	1 00	1 15	1 32
24	23 48	.. ..	.. ..	.. ..	.. ..	.. ..	0 16	0 34	0 52	1 09	1 28	1 49	2 01	2 15
25	.. ..	0 09	0 26	0 39	0 50	1 00	1 17	1 32	1 46	1 59	2 14	2 30	2 40	2 51

MOONSET

Lat.	−55°	−50°	−45°	−40°	−35°	−30°	−20°	−10°	0°	+10°	+20°	+30°	+35°	+40°
	h m	h m	h m	h m	h m	h m	h m	h m	h m	h m	h m	h m	h m	h m
Apr. 1	18 05	18 09	18 12	18 15	18 18	18 20	18 24	18 27	18 30	18 34	18 37	18 41	18 43	18 45
2	18 14	18 24	18 32	18 39	18 45	18 50	18 59	19 07	19 14	19 22	19 30	19 39	19 44	19 50
3	18 25	18 41	18 54	19 05	19 14	19 22	19 35	19 47	19 59	20 10	20 23	20 37	20 45	20 54
4	18 39	19 01	19 19	19 33	19 45	19 55	20 14	20 30	20 45	21 00	21 16	21 35	21 45	21 58
5	18 58	19 26	19 48	20 05	20 20	20 33	20 55	21 14	21 32	21 50	22 10	22 32	22 45	23 00
6	19 24	19 58	20 23	20 43	21 00	21 15	21 40	22 01	22 21	22 41	23 03	23 28	23 43	.. ..
7	20 01	20 39	21 06	21 28	21 46	22 02	22 28	22 51	23 12	23 33	23 56	.. ..	.. ..	0 00
8	20 52	21 30	21 57	22 19	22 37	22 53	23 19	23 42	.. ..	.. ..	.. ..	0 22	0 37	0 56
9	21 56	22 31	22 56	23 16	23 33	23 48	.. ..	.. ..	0 03	0 24	0 46	1 12	1 27	1 45
10	23 10	23 39	.. ..	.. ..	.. ..	.. ..	0 12	0 33	0 53	1 13	1 34	1 58	2 12	2 28
11	.. ..	.. ..	0 00	0 18	0 32	0 45	1 07	1 25	1 42	2 00	2 18	2 39	2 51	3 05
12	0 29	0 51	1 08	1 22	1 34	1 44	2 01	2 16	2 30	2 44	2 59	3 16	3 26	3 37
13	1 51	2 06	2 18	2 28	2 36	2 44	2 56	3 07	3 17	3 27	3 38	3 50	3 57	4 05
14	3 14	3 22	3 29	3 35	3 39	3 44	3 51	3 57	4 03	4 09	4 15	4 22	4 26	4 30
15	4 38	4 40	4 42	4 43	4 44	4 45	4 46	4 48	4 49	4 50	4 52	4 53	4 54	4 55
16	6 05	6 00	5 56	5 53	5 50	5 48	5 43	5 40	5 36	5 33	5 29	5 25	5 23	5 20
17	7 34	7 23	7 13	7 05	6 59	6 53	6 43	6 34	6 26	6 18	6 09	5 59	5 53	5 47
18	9 08	8 49	8 33	8 21	8 10	8 01	7 45	7 31	7 18	7 06	6 52	6 37	6 28	6 17
19	10 44	10 16	9 55	9 38	9 24	9 11	8 50	8 32	8 15	7 58	7 40	7 20	7 08	6 54
20	12 15	11 40	11 14	10 54	10 37	10 22	9 57	9 36	9 16	8 56	8 35	8 10	7 56	7 39
21	13 32	12 53	12 26	12 04	11 45	11 30	11 03	10 40	10 19	9 57	9 34	9 08	8 52	8 34
22	14 27	13 51	13 25	13 04	12 46	12 31	12 05	11 43	11 22	11 01	10 38	10 12	9 56	9 38
23	15 04	14 34	14 11	13 53	13 37	13 24	13 01	12 41	12 22	12 03	11 42	11 19	11 05	10 49
24	15 27	15 05	14 47	14 32	14 20	14 09	13 50	13 33	13 18	13 02	12 45	12 26	12 14	12 01
25	15 44	15 28	15 15	15 04	14 55	14 47	14 33	14 21	14 10	13 58	13 45	13 31	13 23	13 13

.. .. indicates phenomenon will occur the next day.

UNIVERSAL TIME FOR MERIDIAN OF GREENWICH

MOONRISE

Lat.	+40°	+42°	+44°	+46°	+48°	+50°	+52°	+54°	+56°	+58°	+60°	+62°	+64°	+66°
	h m	h m	h m	h m	h m	h m	h m	h m	h m	h m	h m	h m	h m	h m
Apr. 1	6 05	6 05	6 04	6 04	6 04	6 03	6 03	6 02	6 02	6 01	6 01	6 00	5 59	5 58
2	6 28	6 27	6 25	6 23	6 20	6 18	6 15	6 13	6 10	6 06	6 02	5 58	5 53	5 48
3	6 53	6 49	6 46	6 42	6 38	6 34	6 29	6 24	6 18	6 12	6 05	5 57	5 47	5 36
4	7 19	7 15	7 10	7 04	6 59	6 52	6 45	6 38	6 29	6 20	6 09	5 56	5 41	5 23
5	7 50	7 44	7 37	7 30	7 23	7 14	7 05	6 55	6 44	6 30	6 15	5 56	5 33	5 03
6	8 25	8 18	8 10	8 02	7 53	7 42	7 31	7 18	7 04	6 47	6 26	6 00	5 23	4 04
7	9 06	8 58	8 50	8 40	8 30	8 19	8 06	7 51	7 34	7 13	6 47	6 10	4 44	□
8	9 54	9 46	9 37	9 27	9 16	9 05	8 51	8 35	8 17	7 54	7 25	6 41	□	□
9	10 48	10 40	10 32	10 23	10 12	10 01	9 48	9 33	9 15	8 54	8 27	7 48	□	□
10	11 48	11 41	11 33	11 25	11 16	11 06	10 54	10 41	10 27	10 09	9 47	9 19	8 38	□
11	12 51	12 45	12 39	12 32	12 25	12 16	12 07	11 57	11 45	11 32	11 16	10 57	10 33	9 59
12	13 56	13 52	13 47	13 42	13 36	13 30	13 24	13 16	13 08	12 58	12 47	12 35	12 20	12 01
13	15 03	15 00	14 57	14 53	14 50	14 46	14 42	14 37	14 32	14 26	14 19	14 12	14 03	13 52
14	16 10	16 09	16 07	16 06	16 04	16 03	16 01	15 59	15 57	15 54	15 51	15 48	15 45	15 40
15	17 19	17 19	17 20	17 20	17 21	17 21	17 22	17 23	17 23	17 24	17 25	17 26	17 27	17 29
16	18 30	18 33	18 35	18 37	18 40	18 43	18 46	18 49	18 53	18 58	19 03	19 08	19 15	19 22
17	19 45	19 49	19 53	19 57	20 02	20 08	20 13	20 20	20 27	20 35	20 45	20 56	21 09	21 25
18	21 01	21 07	21 13	21 20	21 27	21 35	21 44	21 53	22 05	22 17	22 33	22 51	23 14	23 45
19	22 18	22 25	22 33	22 42	22 51	23 01	23 13	23 26	23 42	.. ..	.. ..	.. ..	.. ..	■
20	23 32	23 40	23 49	23 59	.. ..	.. ..	.. ..	.. ..	.. ..	0 00	0 22	0 52	1 36	■
21	.. ..	.. ..	.. ..	.. ..	0 09	0 21	0 35	0 50	1 09	1 32	2 01	2 46	■	■
22	0 37	0 45	0 54	1 04	1 15	1 27	1 41	1 57	2 16	2 39	3 09	3 55	■	■
23	1 32	1 39	1 47	1 56	2 06	2 17	2 29	2 43	2 59	3 18	3 42	4 13	5 03	■
24	2 15	2 22	2 29	2 36	2 44	2 53	3 03	3 14	3 26	3 40	3 57	4 18	4 43	5 19
25	2 51	2 56	3 01	3 06	3 12	3 19	3 26	3 34	3 43	3 53	4 05	4 18	4 34	4 53

MOONSET

Lat.	+40°	+42°	+44°	+46°	+48°	+50°	+52°	+54°	+56°	+58°	+60°	+62°	+64°	+66°
	h m	h m	h m	h m	h m	h m	h m	h m	h m	h m	h m	h m	h m	h m
Apr. 1	18 45	18 47	18 48	18 49	18 50	18 52	18 54	18 55	18 57	19 00	19 02	19 05	19 08	19 12
2	19 50	19 53	19 56	19 59	20 02	20 06	20 10	20 14	20 19	20 24	20 30	20 37	20 45	20 55
3	20 54	20 58	21 03	21 08	21 13	21 19	21 25	21 32	21 40	21 49	21 59	22 10	22 24	22 41
4	21 58	22 04	22 10	22 16	22 23	22 31	22 40	22 49	23 00	23 13	23 28	23 46	.. ..	.. ..
5	23 00	23 07	23 15	23 23	23 31	23 41	23 52	.. ..	.. ..	.. ..	.. ..	.. ..	0 08	0 37
6	.. ..	.. ..	.. ..	.. ..	.. ..	.. ..	.. ..	0 04	0 19	0 35	0 56	1 22	1 58	3 16
7	0 00	0 08	0 16	0 25	0 36	0 47	0 59	1 14	1 31	1 52	2 18	2 54	4 20	□
8	0 56	1 04	1 13	1 22	1 33	1 45	1 58	2 14	2 32	2 55	3 24	4 09	□	□
9	1 45	1 53	2 02	2 11	2 22	2 33	2 46	3 01	3 19	3 41	4 08	4 47	□	□
10	2 28	2 35	2 43	2 52	3 01	3 12	3 23	3 37	3 52	4 10	4 32	5 00	5 42	□
11	3 05	3 11	3 18	3 25	3 33	3 42	3 51	4 02	4 14	4 28	4 45	5 04	5 30	6 04
12	3 37	3 42	3 47	3 53	3 59	4 05	4 13	4 21	4 30	4 40	4 52	5 05	5 22	5 41
13	4 05	4 08	4 12	4 16	4 20	4 25	4 30	4 35	4 41	4 48	4 56	5 05	5 15	5 27
14	4 30	4 32	4 34	4 37	4 39	4 42	4 44	4 47	4 51	4 54	4 59	5 03	5 09	5 15
15	4 55	4 55	4 56	4 56	4 57	4 57	4 58	4 58	4 59	5 00	5 01	5 02	5 03	5 04
16	5 20	5 19	5 17	5 16	5 15	5 13	5 11	5 10	5 07	5 05	5 03	5 00	4 57	4 53
17	5 47	5 44	5 41	5 38	5 34	5 30	5 26	5 22	5 17	5 11	5 05	4 58	4 50	4 41
18	6 17	6 13	6 08	6 03	5 57	5 51	5 45	5 37	5 29	5 20	5 09	4 57	4 43	4 26
19	6 54	6 48	6 41	6 34	6 26	6 18	6 09	5 58	5 46	5 33	5 17	4 57	4 34	4 02
20	7 39	7 31	7 23	7 14	7 05	6 54	6 42	6 28	6 13	5 54	5 31	5 01	4 16	■
21	8 34	8 25	8 16	8 07	7 56	7 44	7 30	7 14	6 56	6 33	6 03	5 18	■	■
22	9 38	9 30	9 21	9 11	9 00	8 48	8 35	8 19	8 00	7 37	7 07	6 22	■	■
23	10 49	10 41	10 33	10 25	10 15	10 05	9 53	9 39	9 23	9 05	8 42	8 11	7 22	■
24	12 01	11 55	11 49	11 42	11 34	11 26	11 17	11 07	10 55	10 41	10 25	10 05	9 40	9 05
25	13 13	13 09	13 04	12 59	12 54	12 48	12 41	12 34	12 26	12 17	12 06	11 54	11 39	11 21

□ indicates Moon continuously above horizon.
■ indicates Moon continuously below horizon.
.. .. indicates phenomenon will occur the next day.

UNIVERSAL TIME FOR MERIDIAN OF GREENWICH
MOONRISE

Lat.	−55°	−50°	−45°	−40°	−35°	−30°	−20°	−10°	0°	+10°	+20°	+30°	+35°	+40°
	h m	h m	h m	h m	h m	h m	h m	h m	h m	h m	h m	h m	h m	h m
Apr. 24	23 48	.. ..	.. ..	.. ..	.. ..	.. ..	0 16	0 34	0 52	1 09	1 28	1 49	2 01	2 15
25	.. ..	0 09	0 26	0 39	0 50	1 00	1 17	1 32	1 46	1 59	2 14	2 30	2 40	2 51
26	1 16	1 29	1 40	1 49	1 57	2 04	2 16	2 26	2 35	2 45	2 55	3 06	3 13	3 20
27	2 40	2 47	2 52	2 57	3 01	3 05	3 11	3 16	3 22	3 27	3 32	3 38	3 42	3 46
28	4 01	4 02	4 02	4 03	4 03	4 04	4 04	4 05	4 06	4 06	4 07	4 08	4 09	4 09
29	5 20	5 15	5 11	5 07	5 04	5 01	4 57	4 53	4 49	4 45	4 42	4 37	4 35	4 32
30	6 39	6 28	6 18	6 11	6 04	5 59	5 49	5 40	5 32	5 25	5 16	5 07	5 01	4 55
May 1	7 58	7 40	7 26	7 15	7 05	6 56	6 41	6 29	6 17	6 05	5 52	5 38	5 30	5 21
2	9 17	8 52	8 34	8 18	8 05	7 54	7 35	7 18	7 03	6 47	6 31	6 12	6 02	5 49
3	10 34	10 03	9 39	9 21	9 05	8 51	8 29	8 09	7 50	7 32	7 13	6 50	6 37	6 22
4	11 44	11 08	10 41	10 20	10 03	9 48	9 22	9 00	8 40	8 20	7 58	7 33	7 18	7 01
5	12 44	12 05	11 37	11 15	10 57	10 41	10 15	9 52	9 30	9 09	8 46	8 20	8 04	7 46
6	13 29	12 52	12 25	12 04	11 46	11 31	11 05	10 42	10 21	10 00	9 38	9 12	8 56	8 38
7	14 02	13 30	13 05	12 46	12 30	12 16	11 52	11 31	11 11	10 52	10 31	10 06	9 52	9 36
8	14 24	13 58	13 38	13 22	13 08	12 56	12 35	12 17	12 00	11 43	11 24	11 03	10 51	10 37
9	14 41	14 21	14 05	13 52	13 41	13 32	13 15	13 01	12 47	12 33	12 18	12 01	11 51	11 40
10	14 53	14 40	14 29	14 20	14 12	14 05	13 53	13 42	13 32	13 23	13 12	13 00	12 52	12 44
11	15 04	14 56	14 50	14 45	14 40	14 36	14 29	14 23	14 17	14 12	14 06	13 59	13 55	13 50
12	15 13	15 11	15 10	15 09	15 08	15 07	15 05	15 04	15 03	15 02	15 00	14 59	14 58	14 57
13	15 23	15 27	15 31	15 34	15 36	15 38	15 42	15 46	15 50	15 53	15 57	16 01	16 04	16 06
14	15 34	15 45	15 53	16 01	16 07	16 12	16 22	16 31	16 39	16 47	16 56	17 06	17 12	17 19
15	15 48	16 06	16 20	16 32	16 42	16 51	17 06	17 20	17 32	17 45	17 59	18 15	18 25	18 36
16	16 08	16 33	16 53	17 09	17 23	17 35	17 56	18 14	18 31	18 48	19 06	19 28	19 40	19 55
17	16 38	17 11	17 36	17 56	18 13	18 27	18 52	19 13	19 33	19 54	20 15	20 41	20 55	21 13
18	17 26	18 04	18 32	18 54	19 12	19 28	19 54	20 17	20 39	21 00	21 23	21 50	22 06	22 25

MOONSET

Lat.	−55°	−50°	−45°	−40°	−35°	−30°	−20°	−10°	0°	+10°	+20°	+30°	+35°	+40°
	h m	h m	h m	h m	h m	h m	h m	h m	h m	h m	h m	h m	h m	h m
Apr. 24	15 27	15 05	14 47	14 32	14 20	14 09	13 50	13 33	13 18	13 02	12 45	12 26	12 14	12 01
25	15 44	15 28	15 15	15 04	14 55	14 47	14 33	14 21	14 10	13 58	13 45	13 31	13 23	13 13
26	15 55	15 46	15 38	15 32	15 26	15 21	15 13	15 05	14 58	14 50	14 42	14 33	14 28	14 22
27	16 05	16 02	15 59	15 56	15 54	15 52	15 49	15 46	15 43	15 40	15 37	15 33	15 31	15 29
28	16 14	16 16	16 18	16 19	16 20	16 22	16 23	16 25	16 27	16 28	16 30	16 32	16 33	16 34
29	16 23	16 31	16 37	16 42	16 47	16 51	16 58	17 04	17 10	17 16	17 22	17 29	17 33	17 38
30	16 33	16 47	16 57	17 07	17 14	17 21	17 33	17 44	17 54	18 03	18 14	18 26	18 33	18 42
May 1	16 45	17 05	17 20	17 33	17 44	17 54	18 10	18 25	18 39	18 52	19 07	19 24	19 34	19 45
2	17 01	17 27	17 48	18 04	18 18	18 30	18 50	19 09	19 25	19 42	20 01	20 22	20 34	20 48
3	17 24	17 56	18 20	18 40	18 56	19 10	19 34	19 55	20 14	20 34	20 55	21 19	21 33	21 50
4	17 56	18 33	19 00	19 22	19 39	19 55	20 21	20 43	21 04	21 25	21 48	22 14	22 29	22 47
5	18 41	19 20	19 48	20 10	20 29	20 44	21 11	21 34	21 55	22 16	22 39	23 06	23 21	23 39
6	19 41	20 17	20 44	21 05	21 23	21 38	22 03	22 25	22 46	23 06	23 28	23 53	.. ..	.. ..
7	20 51	21 22	21 46	22 04	22 20	22 34	22 57	23 16	23 35	23 53	.. ..	.. ..	0 07	0 25
8	22 07	22 32	22 51	23 07	23 20	23 31	23 50	.. ..	.. ..	.. ..	0 13	0 35	0 48	1 03
9	23 27	23 45	23 59	.. ..	.. ..	.. ..	.. ..	0 07	0 23	0 38	0 54	1 13	1 24	1 36
10	.. ..	.. ..	.. ..	0 11	0 21	0 29	0 44	0 57	1 09	1 21	1 33	1 48	1 56	2 05
11	0 47	0 59	1 08	1 16	1 22	1 28	1 38	1 46	1 54	2 02	2 10	2 20	2 25	2 31
12	2 09	2 14	2 18	2 22	2 25	2 27	2 32	2 35	2 39	2 42	2 46	2 50	2 53	2 55
13	3 33	3 32	3 31	3 30	3 29	3 28	3 27	3 26	3 25	3 24	3 22	3 21	3 20	3 19
14	5 01	4 53	4 46	4 41	4 36	4 32	4 25	4 18	4 13	4 07	4 01	3 54	3 50	3 45
15	6 33	6 18	6 05	5 55	5 46	5 39	5 26	5 14	5 04	4 53	4 42	4 29	4 22	4 14
16	8 10	7 46	7 28	7 13	7 00	6 49	6 31	6 15	5 59	5 44	5 28	5 10	5 00	4 47
17	9 47	9 15	8 51	8 32	8 16	8 02	7 39	7 19	7 00	6 41	6 21	5 58	5 45	5 29
18	11 14	10 37	10 09	9 48	9 30	9 14	8 48	8 25	8 04	7 43	7 21	6 55	6 39	6 21

.. .. indicates phenomenon will occur the next day.

UNIVERSAL TIME FOR MERIDIAN OF GREENWICH

MOONRISE

Lat.	+40°	+42°	+44°	+46°	+48°	+50°	+52°	+54°	+56°	+58°	+60°	+62°	+64°	+66°
	h m	h m	h m	h m	h m	h m	h m	h m	h m	h m	h m	h m	h m	h m
Apr. 24	2 15	2 22	2 29	2 36	2 44	2 53	3 03	3 14	3 26	3 40	3 57	4 18	4 43	5 19
25	2 51	2 56	3 01	3 06	3 12	3 19	3 26	3 34	3 43	3 53	4 05	4 18	4 34	4 53
26	3 20	3 23	3 27	3 31	3 35	3 39	3 44	3 49	3 55	4 01	4 09	4 17	4 26	4 38
27	3 46	3 47	3 49	3 51	3 53	3 56	3 58	4 01	4 04	4 07	4 11	4 15	4 20	4 25
28	4 09	4 09	4 10	4 10	4 10	4 10	4 11	4 11	4 12	4 12	4 13	4 13	4 14	4 15
29	4 32	4 31	4 29	4 28	4 26	4 25	4 23	4 21	4 19	4 17	4 14	4 11	4 08	4 04
30	4 55	4 53	4 50	4 47	4 43	4 40	4 36	4 32	4 27	4 22	4 16	4 09	4 02	3 53
May 1	5 21	5 17	5 12	5 07	5 02	4 57	4 51	4 44	4 37	4 28	4 19	4 08	3 56	3 40
2	5 49	5 44	5 38	5 31	5 25	5 17	5 09	5 00	4 49	4 37	4 24	4 08	3 48	3 24
3	6 22	6 15	6 08	6 00	5 52	5 42	5 32	5 20	5 07	4 51	4 32	4 09	3 39	2 52
4	7 01	6 53	6 45	6 36	6 26	6 15	6 03	5 48	5 32	5 12	4 48	4 15	3 19	□
5	7 46	7 38	7 29	7 20	7 09	6 57	6 43	6 28	6 10	5 47	5 18	4 35	□	□
6	8 38	8 30	8 21	8 12	8 01	7 49	7 36	7 20	7 02	6 40	6 11	5 27	□	□
7	9 36	9 28	9 20	9 11	9 01	8 51	8 38	8 25	8 08	7 49	7 25	6 52	5 56	□
8	10 37	10 30	10 23	10 16	10 07	9 58	9 48	9 37	9 24	9 09	8 50	8 28	7 57	7 10
9	11 40	11 35	11 29	11 23	11 17	11 10	11 02	10 53	10 44	10 33	10 20	10 04	9 45	9 22
10	12 44	12 41	12 37	12 33	12 28	12 23	12 18	12 12	12 05	11 58	11 49	11 40	11 28	11 14
11	13 50	13 48	13 46	13 43	13 41	13 38	13 35	13 32	13 28	13 24	13 19	13 14	13 08	13 01
12	14 57	14 56	14 56	14 56	14 55	14 54	14 54	14 53	14 52	14 52	14 51	14 50	14 48	14 47
13	16 06	16 08	16 09	16 10	16 12	16 14	16 16	16 18	16 20	16 22	16 25	16 28	16 32	16 36
14	17 19	17 22	17 25	17 29	17 33	17 37	17 41	17 46	17 52	17 58	18 05	18 13	18 23	18 34
15	18 36	18 40	18 46	18 51	18 57	19 04	19 11	19 20	19 29	19 39	19 52	20 06	20 24	20 46
16	19 55	20 01	20 08	20 16	20 24	20 34	20 44	20 56	21 09	21 25	21 44	22 08	22 40	23 33
17	21 13	21 21	21 29	21 39	21 49	22 00	22 13	22 28	22 46	23 07	23 34	.. ..	■	■
18	22 25	22 33	22 42	22 52	23 03	23 15	23 29	23 46	.. ..	.. ..	.. ..	0 12	■	■

MOONSET

Lat.	+40°	+42°	+44°	+46°	+48°	+50°	+52°	+54°	+56°	+58°	+60°	+62°	+64°	+66°
	h m	h m	h m	h m	h m	h m	h m	h m	h m	h m	h m	h m	h m	h m
Apr. 24	12 01	11 55	11 49	11 42	11 34	11 26	11 17	11 07	10 55	10 41	10 25	10 05	9 40	9 05
25	13 13	13 09	13 04	12 59	12 54	12 48	12 41	12 34	12 26	12 17	12 06	11 54	11 39	11 21
26	14 22	14 19	14 17	14 14	14 10	14 07	14 03	13 58	13 53	13 48	13 42	13 35	13 27	13 17
27	15 29	15 28	15 27	15 25	15 24	15 23	15 21	15 19	15 18	15 16	15 13	15 11	15 07	15 04
28	16 34	16 34	16 35	16 35	16 36	16 37	16 38	16 38	16 39	16 40	16 41	16 43	16 44	16 46
29	17 38	17 40	17 42	17 44	17 47	17 50	17 53	17 56	18 00	18 04	18 09	18 14	18 20	18 27
30	18 42	18 45	18 49	18 53	18 58	19 03	19 08	19 14	19 20	19 28	19 36	19 46	19 58	20 11
May 1	19 45	19 50	19 56	20 02	20 08	20 15	20 23	20 31	20 41	20 52	21 05	21 20	21 39	22 03
2	20 48	20 55	21 02	21 09	21 17	21 26	21 37	21 48	22 01	22 16	22 34	22 57	23 27	.. ..
3	21 50	21 57	22 05	22 14	22 24	22 35	22 47	23 01	23 17	23 36	.. ..	.. ..	.. ..	0 13
4	22 47	22 55	23 04	23 14	23 24	23 36	23 50	.. ..	.. ..	.. ..	0 00	0 33	1 28	□
5	23 39	23 47	23 56	.. ..	.. ..	.. ..	.. ..	0 05	0 23	0 46	1 15	1 58	□	□
6	.. ..	.. ..	.. ..	0 06	0 17	0 29	0 42	0 58	1 16	1 38	2 07	2 51	□	□
7	0 25	0 32	0 41	0 50	1 00	1 11	1 23	1 37	1 54	2 13	2 38	3 11	4 07	□
8	1 03	1 10	1 17	1 25	1 34	1 43	1 54	2 06	2 19	2 35	2 54	3 17	3 48	4 35
9	1 36	1 42	1 48	1 54	2 01	2 09	2 17	2 26	2 37	2 49	3 02	3 18	3 38	4 03
10	2 05	2 09	2 14	2 18	2 24	2 29	2 35	2 42	2 49	2 58	3 07	3 18	3 31	3 46
11	2 31	2 34	2 37	2 40	2 43	2 46	2 50	2 54	2 59	3 04	3 10	3 17	3 24	3 33
12	2 55	2 56	2 58	2 59	3 00	3 02	3 04	3 05	3 07	3 10	3 12	3 15	3 18	3 22
13	3 19	3 19	3 19	3 18	3 18	3 17	3 17	3 16	3 15	3 15	3 14	3 13	3 12	3 11
14	3 45	3 43	3 41	3 39	3 36	3 33	3 31	3 27	3 24	3 20	3 16	3 11	3 06	2 59
15	4 14	4 10	4 06	4 02	3 57	3 52	3 47	3 41	3 35	3 27	3 19	3 10	2 59	2 46
16	4 47	4 42	4 36	4 30	4 23	4 16	4 08	3 59	3 49	3 37	3 24	3 09	2 50	2 27
17	5 29	5 22	5 15	5 07	4 58	4 48	4 37	4 25	4 11	3 54	3 35	3 10	2 37	1 44
18	6 21	6 13	6 04	5 55	5 44	5 33	5 20	5 04	4 47	4 25	3 58	3 19	■	■

□ indicates Moon continuously above horizon.
■ indicates Moon continuously below horizon.
.. .. indicates phenomenon will occur the next day.

UNIVERSAL TIME FOR MERIDIAN OF GREENWICH

MOONRISE

Lat.	−55°	−50°	−45°	−40°	−35°	−30°	−20°	−10°	0°	+10°	+20°	+30°	+35°	+40°
	h m	h m	h m	h m	h m	h m	h m	h m	h m	h m	h m	h m	h m	h m
May 17	16 38	17 11	17 36	17 56	18 13	18 27	18 52	19 13	19 33	19 54	20 15	20 41	20 55	21 13
18	17 26	18 04	18 32	18 54	19 12	19 28	19 54	20 17	20 39	21 00	21 23	21 50	22 06	22 25
19	18 35	19 12	19 40	20 01	20 19	20 34	21 00	21 23	21 44	22 04	22 27	22 53	23 08	23 26
20	20 01	20 32	20 56	21 14	21 30	21 44	22 07	22 27	22 45	23 04	23 23	23 46	23 59	.. ..
21	21 32	21 56	22 14	22 29	22 41	22 52	23 11	23 27	23 42	23 57	.. ..	.. ..	.. ..	0 14
22	23 02	23 18	23 30	23 41	23 50	23 57	.. ..	.. ..	.. ..	.. ..	0 12	0 31	0 41	0 53
23	.. ..	.. ..	.. ..	.. ..	.. ..	.. ..	0 11	0 22	0 33	0 44	0 55	1 08	1 16	1 24
24	0 27	0 36	0 44	0 50	0 55	0 59	1 07	1 14	1 21	1 27	1 34	1 42	1 46	1 51
25	1 49	1 52	1 54	1 56	1 57	1 59	2 01	2 03	2 05	2 07	2 09	2 12	2 13	2 15
26	3 08	3 04	3 02	3 00	2 58	2 56	2 53	2 50	2 48	2 46	2 43	2 41	2 39	2 37
27	4 26	4 16	4 09	4 03	3 57	3 53	3 44	3 37	3 31	3 24	3 17	3 10	3 05	3 00
28	5 44	5 28	5 16	5 06	4 57	4 49	4 36	4 25	4 14	4 04	3 53	3 40	3 33	3 24
29	7 02	6 40	6 23	6 09	5 57	5 46	5 29	5 13	4 59	4 45	4 30	4 13	4 03	3 51
30	8 20	7 51	7 29	7 11	6 56	6 44	6 22	6 03	5 46	5 29	5 10	4 49	4 37	4 22
31	9 33	8 58	8 32	8 12	7 55	7 40	7 16	6 54	6 35	6 15	5 54	5 30	5 15	4 59
June 1	10 37	9 58	9 31	9 09	8 51	8 35	8 09	7 46	7 25	7 04	6 41	6 15	6 00	5 42
2	11 27	10 49	10 21	10 00	9 42	9 26	9 00	8 37	8 16	7 54	7 32	7 05	6 50	6 32
3	12 04	11 30	11 04	10 44	10 27	10 12	9 48	9 26	9 06	8 46	8 24	7 59	7 44	7 27
4	12 29	12 01	11 39	11 22	11 07	10 54	10 32	10 13	9 55	9 37	9 17	8 55	8 42	8 27
5	12 47	12 25	12 08	11 54	11 41	11 31	11 13	10 57	10 42	10 27	10 11	9 52	9 41	9 29
6	13 00	12 45	12 32	12 21	12 12	12 04	11 51	11 38	11 27	11 16	11 03	10 49	10 41	10 32
7	13 11	13 01	12 53	12 46	12 41	12 35	12 26	12 18	12 11	12 04	11 56	11 46	11 41	11 35
8	13 21	13 16	13 13	13 10	13 07	13 05	13 01	12 58	12 55	12 52	12 48	12 44	12 42	12 39
9	13 30	13 31	13 32	13 34	13 34	13 35	13 37	13 38	13 39	13 41	13 42	13 44	13 45	13 46
10	13 40	13 47	13 53	13 59	14 03	14 07	14 14	14 20	14 26	14 32	14 38	14 46	14 50	14 55

MOONSET

Lat.	−55°	−50°	−45°	−40°	−35°	−30°	−20°	−10°	0°	+10°	+20°	+30°	+35°	+40°
	h m	h m	h m	h m	h m	h m	h m	h m	h m	h m	h m	h m	h m	h m
May 17	9 47	9 15	8 51	8 32	8 16	8 02	7 39	7 19	7 00	6 41	6 21	5 58	5 45	5 29
18	11 14	10 37	10 09	9 48	9 30	9 14	8 48	8 25	8 04	7 43	7 21	6 55	6 39	6 21
19	12 21	11 44	11 16	10 54	10 36	10 21	9 54	9 31	9 10	8 48	8 25	7 59	7 43	7 24
20	13 06	12 33	12 09	11 49	11 33	11 19	10 54	10 33	10 13	9 54	9 32	9 07	8 52	8 35
21	13 34	13 08	12 49	12 33	12 19	12 08	11 47	11 29	11 13	10 56	10 38	10 17	10 04	9 50
22	13 52	13 34	13 20	13 08	12 58	12 49	12 33	12 20	12 07	11 54	11 40	11 24	11 14	11 04
23	14 05	13 54	13 44	13 37	13 30	13 24	13 14	13 05	12 56	12 48	12 38	12 28	12 21	12 14
24	14 15	14 10	14 05	14 02	13 59	13 56	13 51	13 46	13 42	13 38	13 33	13 28	13 25	13 22
25	14 24	14 24	14 25	14 25	14 25	14 25	14 25	14 26	14 26	14 26	14 26	14 26	14 26	14 26
26	14 33	14 39	14 43	14 47	14 51	14 54	14 59	15 04	15 09	15 13	15 18	15 23	15 26	15 30
27	14 42	14 54	15 03	15 11	15 18	15 24	15 34	15 43	15 51	16 00	16 09	16 20	16 26	16 33
28	14 53	15 11	15 25	15 36	15 46	15 55	16 10	16 23	16 36	16 48	17 01	17 17	17 26	17 36
29	15 08	15 32	15 50	16 05	16 18	16 29	16 49	17 06	17 21	17 37	17 54	18 14	18 26	18 39
30	15 28	15 58	16 20	16 39	16 54	17 08	17 31	17 51	18 09	18 28	18 48	19 11	19 25	19 41
31	15 56	16 31	16 58	17 18	17 36	17 51	18 16	18 38	18 59	19 19	19 41	20 07	20 22	20 40
June 1	16 36	17 15	17 43	18 05	18 23	18 39	19 05	19 28	19 49	20 11	20 34	21 00	21 16	21 34
2	17 31	18 09	18 36	18 58	19 15	19 31	19 57	20 19	20 40	21 01	21 23	21 49	22 04	22 21
3	18 38	19 11	19 36	19 55	20 12	20 26	20 50	21 11	21 30	21 49	22 09	22 33	22 47	23 02
4	19 52	20 19	20 40	20 56	21 10	21 22	21 43	22 01	22 18	22 34	22 52	23 12	23 24	23 37
5	21 09	21 30	21 46	21 59	22 10	22 20	22 36	22 50	23 04	23 17	23 31	23 47	23 56	.. ..
6	22 28	22 42	22 53	23 02	23 10	23 17	23 28	23 39	23 48	23 58	.. ..	.. ..	.. ..	0 07
7	23 47	23 54	.. ..	.. ..	.. ..	.. ..	.. ..	.. ..	.. ..	.. ..	0 08	0 19	0 26	0 33
8	.. ..	.. ..	0 01	0 06	0 10	0 14	0 21	0 26	0 32	0 37	0 43	0 49	0 53	0 57
9	1 07	1 09	1 10	1 11	1 12	1 12	1 14	1 15	1 16	1 17	1 18	1 19	1 20	1 20
10	2 30	2 26	2 22	2 18	2 15	2 13	2 09	2 05	2 01	1 58	1 54	1 50	1 47	1 44

.. .. indicates phenomenon will occur the next day.

UNIVERSAL TIME FOR MERIDIAN OF GREENWICH

MOONRISE

Lat.	+40°	+42°	+44°	+46°	+48°	+50°	+52°	+54°	+56°	+58°	+60°	+62°	+64°	+66°
	h m	h m	h m	h m	h m	h m	h m	h m	h m	h m	h m	h m	h m	h m
May 17	21 13	21 21	21 29	21 39	21 49	22 00	22 13	22 28	22 46	23 07	23 34	.. ..	▬	▬
18	22 25	22 33	22 42	22 52	23 03	23 15	23 29	23 46	.. ..	.. ..	.. ..	0 12	▬	▬
19	23 26	23 34	23 42	23 52	.. ..	.. ..	.. ..	.. ..	0 05	0 28	1 00	1 50	▬	▬
20	.. ..	.. ..	.. ..	.. ..	0 02	0 13	0 26	0 41	0 59	1 20	1 46	2 23	3 47	▬
21	0 14	0 21	0 29	0 37	0 45	0 55	1 06	1 18	1 31	1 47	2 06	2 30	3 01	3 50
22	0 53	0 58	1 04	1 10	1 17	1 24	1 32	1 41	1 51	2 03	2 16	2 31	2 49	3 12
23	1 24	1 28	1 32	1 37	1 41	1 46	1 52	1 58	2 04	2 12	2 20	2 30	2 41	2 55
24	1 51	1 53	1 56	1 58	2 01	2 04	2 07	2 10	2 14	2 18	2 23	2 28	2 35	2 42
25	2 15	2 15	2 16	2 17	2 18	2 19	2 20	2 21	2 22	2 23	2 25	2 27	2 28	2 31
26	2 37	2 37	2 36	2 35	2 34	2 33	2 32	2 31	2 29	2 28	2 26	2 25	2 22	2 20
27	3 00	2 58	2 56	2 53	2 50	2 47	2 44	2 41	2 37	2 33	2 28	2 23	2 17	2 09
28	3 24	3 21	3 17	3 13	3 08	3 03	2 58	2 52	2 46	2 39	2 30	2 21	2 10	1 58
29	3 51	3 46	3 41	3 35	3 29	3 22	3 15	3 06	2 57	2 46	2 34	2 20	2 03	1 43
30	4 22	4 16	4 09	4 02	3 54	3 45	3 36	3 25	3 12	2 58	2 41	2 21	1 55	1 19
31	4 59	4 52	4 44	4 35	4 25	4 15	4 03	3 50	3 34	3 16	2 54	2 25	1 42	□
June 1	5 42	5 34	5 25	5 16	5 05	4 53	4 40	4 25	4 07	3 46	3 18	2 38	□	□
2	6 32	6 23	6 15	6 05	5 54	5 42	5 29	5 13	4 54	4 32	4 02	3 17	□	□
3	7 27	7 19	7 11	7 02	6 52	6 40	6 28	6 13	5 56	5 36	5 09	4 33	3 02	□
4	8 27	8 20	8 13	8 04	7 56	7 46	7 35	7 23	7 09	6 52	6 32	6 06	5 29	4 12
5	9 29	9 23	9 17	9 10	9 03	8 56	8 47	8 37	8 26	8 14	7 59	7 41	7 19	6 50
6	10 32	10 27	10 23	10 18	10 13	10 07	10 01	9 54	9 46	9 37	9 27	9 15	9 01	8 44
7	11 35	11 32	11 29	11 26	11 23	11 19	11 15	11 11	11 06	11 01	10 55	10 48	10 40	10 30
8	12 39	12 38	12 37	12 36	12 34	12 33	12 31	12 29	12 27	12 25	12 23	12 20	12 17	12 13
9	13 46	13 46	13 47	13 47	13 48	13 48	13 49	13 50	13 51	13 52	13 53	13 54	13 55	13 57
10	14 55	14 57	14 59	15 02	15 04	15 07	15 11	15 14	15 18	15 22	15 27	15 33	15 39	15 47

MOONSET

Lat.	+40°	+42°	+44°	+46°	+48°	+50°	+52°	+54°	+56°	+58°	+60°	+62°	+64°	+66°
	h m	h m	h m	h m	h m	h m	h m	h m	h m	h m	h m	h m	h m	h m
May 17	5 29	5 22	5 15	5 07	4 58	4 48	4 37	4 25	4 11	3 54	3 35	3 10	2 37	1 44
18	6 21	6 13	6 04	5 55	5 44	5 33	5 20	5 04	4 47	4 25	3 58	3 19	▬	▬
19	7 24	7 16	7 07	6 57	6 46	6 33	6 19	6 03	5 44	5 21	4 49	3 59	▬	▬
20	8 35	8 28	8 19	8 10	8 00	7 49	7 36	7 21	7 04	6 44	6 18	5 41	4 18	▬
21	9 50	9 43	9 36	9 29	9 21	9 12	9 01	8 50	8 37	8 21	8 03	7 40	7 09	6 21
22	11 04	10 59	10 54	10 48	10 42	10 35	10 28	10 20	10 10	10 00	9 48	9 33	9 16	8 54
23	12 14	12 11	12 08	12 04	12 00	11 56	11 51	11 46	11 40	11 34	11 26	11 18	11 08	10 56
24	13 22	13 20	13 18	13 17	13 15	13 13	13 10	13 08	13 05	13 02	12 59	12 55	12 50	12 45
25	14 26	14 27	14 27	14 27	14 27	14 27	14 27	14 27	14 27	14 27	14 27	14 27	14 27	14 27
26	15 30	15 32	15 33	15 35	15 37	15 39	15 41	15 44	15 47	15 50	15 53	15 57	16 02	16 07
27	16 33	16 36	16 39	16 43	16 47	16 51	16 55	17 01	17 06	17 12	17 20	17 28	17 37	17 49
28	17 36	17 40	17 45	17 51	17 56	18 03	18 10	18 17	18 26	18 36	18 47	19 00	19 16	19 36
29	18 39	18 45	18 51	18 58	19 06	19 14	19 23	19 34	19 46	19 59	20 15	20 35	21 00	21 35
30	19 41	19 48	19 56	20 04	20 13	20 23	20 35	20 48	21 03	21 21	21 43	22 11	22 54	□
31	20 40	20 48	20 56	21 06	21 16	21 28	21 41	21 56	22 13	22 35	23 02	23 42	□	□
June 1	21 34	21 42	21 51	22 01	22 11	22 23	22 37	22 53	23 11	23 34	.. ..	.. ..	□	□
2	22 21	22 29	22 38	22 47	22 58	23 09	23 22	23 37	23 54	.. ..	0 04	0 49	□	□
3	23 02	23 09	23 17	23 25	23 35	23 45	23 56	.. ..	.. ..	0 15	0 41	1 18	2 49	□
4	23 37	23 43	23 49	23 56	.. ..	.. ..	.. ..	0 09	0 23	0 40	1 01	1 27	2 04	3 22
5	.. ..	.. ..	.. ..	.. ..	0 04	0 12	0 21	0 31	0 43	0 56	1 12	1 30	1 53	2 23
6	0 07	0 11	0 16	0 22	0 28	0 34	0 41	0 48	0 57	1 06	1 17	1 30	1 45	2 03
7	0 33	0 36	0 40	0 43	0 47	0 52	0 56	1 02	1 07	1 14	1 21	1 29	1 38	1 50
8	0 57	0 59	1 01	1 03	1 05	1 07	1 10	1 13	1 16	1 19	1 23	1 27	1 32	1 38
9	1 20	1 21	1 21	1 21	1 22	1 22	1 23	1 23	1 24	1 24	1 25	1 26	1 26	1 27
10	1 44	1 43	1 42	1 40	1 39	1 37	1 35	1 34	1 31	1 29	1 26	1 24	1 20	1 16

□ indicates Moon continuously above horizon.
▬ indicates Moon continuously below horizon.
.. .. indicates phenomenon will occur the next day.

MOONRISE AND MOONSET, 2022

UNIVERSAL TIME FOR MERIDIAN OF GREENWICH
MOONRISE

Lat.	−55°	−50°	−45°	−40°	−35°	−30°	−20°	−10°	0°	+10°	+20°	+30°	+35°	+40°
	h m	h m	h m	h m	h m	h m	h m	h m	h m	h m	h m	h m	h m	h m
June 8	13 21	13 16	13 13	13 10	13 07	13 05	13 01	12 58	12 55	12 52	12 48	12 44	12 42	12 39
9	13 30	13 31	13 32	13 34	13 34	13 35	13 37	13 38	13 39	13 41	13 42	13 44	13 45	13 46
10	13 40	13 47	13 53	13 59	14 03	14 07	14 14	14 20	14 26	14 32	14 38	14 46	14 50	14 55
11	13 52	14 06	14 17	14 27	14 35	14 42	14 55	15 06	15 16	15 27	15 38	15 52	15 59	16 08
12	14 08	14 30	14 47	15 00	15 12	15 23	15 41	15 57	16 12	16 27	16 43	17 02	17 13	17 25
13	14 33	15 02	15 24	15 42	15 58	16 11	16 34	16 54	17 12	17 31	17 51	18 15	18 29	18 45
14	15 12	15 48	16 14	16 35	16 53	17 08	17 34	17 57	18 18	18 39	19 01	19 28	19 43	20 01
15	16 12	16 50	17 18	17 40	17 58	18 14	18 40	19 03	19 25	19 46	20 09	20 36	20 52	21 10
16	17 34	18 08	18 33	18 54	19 10	19 25	19 49	20 11	20 30	20 50	21 11	21 35	21 50	22 06
17	19 07	19 34	19 54	20 11	20 25	20 37	20 57	21 15	21 31	21 48	22 05	22 25	22 37	22 50
18	20 41	21 00	21 15	21 27	21 37	21 46	22 01	22 14	22 27	22 39	22 52	23 07	23 16	23 25
19	22 11	22 22	22 31	22 39	22 45	22 51	23 01	23 09	23 17	23 25	23 33	23 43	23 48	23 54
20	23 36	23 40	23 44	23 47	23 50	23 52	23 56	.. ..	.. ..	.. ..	.. ..	.. ..	.. ..	.. ..
21	.. ..	.. ..	.. ..	.. ..	.. ..	.. ..	.. ..	0 00	0 03	0 07	0 10	0 14	0 17	0 19
22	0 56	0 55	0 54	0 52	0 52	0 51	0 49	0 48	0 47	0 46	0 45	0 44	0 43	0 43
23	2 15	2 07	2 01	1 56	1 52	1 48	1 41	1 36	1 30	1 25	1 19	1 13	1 09	1 05
24	3 33	3 19	3 08	2 59	2 51	2 44	2 33	2 23	2 13	2 04	1 54	1 43	1 36	1 29
25	4 51	4 30	4 15	4 02	3 51	3 41	3 25	3 11	2 57	2 44	2 30	2 14	2 05	1 55
26	6 08	5 41	5 21	5 04	4 50	4 38	4 17	4 00	3 43	3 27	3 09	2 49	2 38	2 24
27	7 22	6 49	6 25	6 05	5 49	5 35	5 11	4 50	4 31	4 12	3 52	3 28	3 15	2 59
28	8 29	7 52	7 25	7 03	6 45	6 30	6 04	5 42	5 21	5 00	4 38	4 12	3 57	3 40
29	9 24	8 46	8 18	7 56	7 38	7 22	6 56	6 33	6 12	5 50	5 28	5 01	4 46	4 27
30	10 05	9 29	9 03	8 42	8 25	8 10	7 45	7 23	7 02	6 42	6 20	5 54	5 39	5 21
July 1	10 33	10 03	9 40	9 22	9 07	8 53	8 30	8 10	7 51	7 33	7 13	6 49	6 36	6 20
2	10 53	10 29	10 11	9 56	9 43	9 31	9 12	8 55	8 39	8 23	8 06	7 46	7 35	7 21

MOONSET

Lat.	−55°	−50°	−45°	−40°	−35°	−30°	−20°	−10°	0°	+10°	+20°	+30°	+35°	+40°
	h m	h m	h m	h m	h m	h m	h m	h m	h m	h m	h m	h m	h m	h m
June 8	.. ..	.. ..	0 01	0 06	0 10	0 14	0 21	0 26	0 32	0 37	0 43	0 49	0 53	0 57
9	1 07	1 09	1 10	1 11	1 12	1 12	1 14	1 15	1 16	1 17	1 18	1 19	1 20	1 20
10	2 30	2 26	2 22	2 18	2 15	2 13	2 09	2 05	2 01	1 58	1 54	1 50	1 47	1 44
11	3 58	3 46	3 37	3 29	3 22	3 17	3 06	2 58	2 49	2 41	2 32	2 23	2 17	2 10
12	5 32	5 12	4 57	4 44	4 34	4 24	4 09	3 55	3 42	3 29	3 16	3 00	2 51	2 41
13	7 09	6 41	6 20	6 03	5 49	5 36	5 15	4 57	4 40	4 23	4 05	3 44	3 32	3 18
14	8 43	8 08	7 42	7 21	7 04	6 50	6 25	6 03	5 43	5 23	5 01	4 36	4 22	4 05
15	10 03	9 25	8 57	8 35	8 16	8 01	7 34	7 11	6 50	6 28	6 05	5 38	5 22	5 04
16	10 59	10 24	9 58	9 37	9 20	9 05	8 39	8 17	7 56	7 36	7 13	6 47	6 32	6 14
17	11 35	11 06	10 45	10 27	10 13	10 00	9 37	9 18	9 00	8 42	8 22	7 59	7 46	7 30
18	11 57	11 37	11 20	11 07	10 55	10 45	10 28	10 13	9 58	9 44	9 28	9 10	8 59	8 47
19	12 12	11 59	11 48	11 39	11 31	11 24	11 12	11 01	10 51	10 41	10 30	10 17	10 10	10 02
20	12 24	12 17	12 11	12 06	12 01	11 58	11 51	11 45	11 39	11 34	11 28	11 21	11 17	11 12
21	12 33	12 32	12 31	12 30	12 29	12 28	12 27	12 26	12 24	12 23	12 22	12 21	12 20	12 19
22	12 42	12 46	12 50	12 53	12 55	12 57	13 01	13 05	13 08	13 11	13 14	13 18	13 21	13 23
23	12 51	13 01	13 09	13 16	13 22	13 27	13 36	13 43	13 51	13 58	14 06	14 15	14 20	14 26
24	13 02	13 17	13 30	13 40	13 49	13 57	14 11	14 23	14 34	14 46	14 58	15 12	15 20	15 29
25	13 15	13 37	13 54	14 08	14 20	14 30	14 49	15 04	15 19	15 34	15 50	16 09	16 19	16 32
26	13 33	14 01	14 22	14 40	14 55	15 07	15 29	15 48	16 06	16 24	16 43	17 05	17 19	17 34
27	13 58	14 32	14 57	15 17	15 34	15 49	16 14	16 35	16 55	17 15	17 37	18 02	18 16	18 33
28	14 35	15 12	15 40	16 02	16 20	16 35	17 01	17 24	17 45	18 06	18 29	18 55	19 11	19 29
29	15 25	16 03	16 31	16 52	17 11	17 26	17 52	18 15	18 36	18 57	19 20	19 46	20 01	20 19
30	16 28	17 03	17 29	17 49	18 06	18 20	18 45	19 06	19 26	19 46	20 07	20 31	20 45	21 02
July 1	17 40	18 09	18 31	18 49	19 04	19 17	19 38	19 57	20 15	20 32	20 51	21 12	21 24	21 38
2	18 57	19 19	19 37	19 51	20 03	20 14	20 31	20 47	21 01	21 15	21 31	21 48	21 58	22 09

.. .. indicates phenomenon will occur the next day.

UNIVERSAL TIME FOR MERIDIAN OF GREENWICH

MOONRISE

Lat.	+40°	+42°	+44°	+46°	+48°	+50°	+52°	+54°	+56°	+58°	+60°	+62°	+64°	+66°
	h m	h m	h m	h m	h m	h m	h m	h m	h m	h m	h m	h m	h m	h m
June 8	12 39	12 38	12 37	12 36	12 34	12 33	12 31	12 29	12 27	12 25	12 23	12 20	12 17	12 13
9	13 46	13 46	13 47	13 47	13 48	13 48	13 49	13 50	13 51	13 52	13 53	13 54	13 55	13 57
10	14 55	14 57	14 59	15 02	15 04	15 07	15 11	15 14	15 18	15 22	15 27	15 33	15 39	15 47
11	16 08	16 12	16 16	16 21	16 26	16 31	16 37	16 43	16 51	16 59	17 08	17 19	17 32	17 48
12	17 25	17 31	17 37	17 44	17 51	17 59	18 08	18 18	18 29	18 42	18 57	19 15	19 39	20 10
13	18 45	18 52	19 00	19 08	19 18	19 28	19 40	19 53	20 09	20 27	20 50	21 20	22 07	■
14	20 01	20 10	20 19	20 28	20 39	20 51	21 05	21 21	21 40	22 03	22 33	23 19	■	■
15	21 10	21 18	21 27	21 37	21 48	22 00	22 13	22 29	22 48	23 10	23 40	.. ..	■	■
16	22 06	22 13	22 21	22 30	22 39	22 50	23 02	23 15	23 30	23 49	.. ..	0 24	■	■
17	22 50	22 56	23 03	23 09	23 17	23 25	23 34	23 44	23 56	.. ..	0 11	0 39	1 21	■
18	23 25	23 30	23 34	23 39	23 45	23 50	23 57	.. ..	.. ..	0 09	0 24	0 42	1 05	1 34
19	23 54	23 57	.. ..	.. ..	.. ..	.. ..	.. ..	0 04	0 12	0 21	0 31	0 42	0 56	1 12
20	.. ..	.. ..	0 00	0 03	0 06	0 10	0 14	0 18	0 23	0 28	0 34	0 41	0 48	0 57
21	0 19	0 20	0 22	0 23	0 24	0 26	0 28	0 29	0 31	0 34	0 36	0 39	0 42	0 46
22	0 43	0 42	0 42	0 41	0 41	0 41	0 40	0 40	0 39	0 38	0 38	0 37	0 36	0 35
23	1 05	1 03	1 02	1 00	0 57	0 55	0 52	0 50	0 47	0 43	0 39	0 35	0 30	0 25
24	1 29	1 26	1 22	1 19	1 15	1 10	1 06	1 01	0 55	0 49	0 42	0 33	0 24	0 13
25	1 55	1 50	1 45	1 40	1 34	1 28	1 21	1 14	1 05	0 56	0 45	0 32	0 18	{00 10 / 23 40}
26	2 24	2 18	2 12	2 05	1 58	1 50	1 41	1 30	1 19	1 06	0 51	0 33	{00 10 / 23 59}	22 49
27	2 59	2 52	2 44	2 36	2 27	2 17	2 06	1 53	1 39	1 22	1 01	0 35	23 26	□
28	3 40	3 32	3 23	3 14	3 04	2 52	2 40	2 25	2 08	1 47	1 21	0 45	□	□
29	4 27	4 19	4 10	4 01	3 50	3 38	3 24	3 09	2 50	2 28	1 58	1 14	□	□
30	5 21	5 13	5 05	4 55	4 45	4 33	4 20	4 05	3 48	3 26	2 59	2 19	□	□
July 1	6 20	6 13	6 05	5 57	5 47	5 37	5 26	5 13	4 57	4 40	4 18	3 49	3 06	□
2	7 21	7 15	7 09	7 02	6 54	6 46	6 36	6 26	6 14	6 00	5 44	5 24	4 59	4 23

MOONSET

Lat.	+40°	+42°	+44°	+46°	+48°	+50°	+52°	+54°	+56°	+58°	+60°	+62°	+64°	+66°
	h m	h m	h m	h m	h m	h m	h m	h m	h m	h m	h m	h m	h m	h m
June 8	0 57	0 59	1 01	1 03	1 05	1 07	1 10	1 13	1 16	1 19	1 23	1 27	1 32	1 38
9	1 20	1 21	1 21	1 21	1 22	1 22	1 23	1 23	1 24	1 24	1 25	1 26	1 26	1 27
10	1 44	1 43	1 42	1 40	1 39	1 37	1 35	1 34	1 31	1 29	1 26	1 24	1 20	1 16
11	2 10	2 08	2 05	2 01	1 58	1 54	1 50	1 46	1 41	1 35	1 29	1 22	1 14	1 04
12	2 41	2 36	2 32	2 26	2 21	2 15	2 08	2 01	1 52	1 43	1 33	1 21	1 06	0 49
13	3 18	3 12	3 05	2 58	2 50	2 42	2 32	2 22	2 10	1 56	1 40	1 21	0 57	0 25
14	4 05	3 57	3 49	3 40	3 31	3 20	3 08	2 54	2 38	2 19	1 56	1 25	0 38	■
15	5 04	4 56	4 46	4 37	4 26	4 13	4 00	3 44	3 25	3 02	2 31	1 45	■	■
16	6 14	6 06	5 57	5 47	5 36	5 24	5 11	4 55	4 37	4 15	3 45	3 02	■	■
17	7 30	7 23	7 15	7 07	6 58	6 48	6 37	6 24	6 09	5 51	5 30	5 02	4 21	■
18	8 47	8 42	8 36	8 30	8 23	8 15	8 07	7 57	7 46	7 34	7 20	7 02	6 41	6 13
19	10 02	9 58	9 54	9 50	9 45	9 40	9 34	9 28	9 21	9 13	9 04	8 54	8 42	8 27
20	11 12	11 10	11 08	11 05	11 03	11 00	10 57	10 54	10 50	10 46	10 41	10 36	10 30	10 22
21	12 19	12 18	12 18	12 17	12 17	12 16	12 16	12 15	12 14	12 13	12 12	12 11	12 10	12 08
22	13 23	13 24	13 25	13 27	13 28	13 30	13 31	13 33	13 35	13 37	13 40	13 43	13 46	13 50
23	14 26	14 29	14 32	14 35	14 38	14 42	14 46	14 50	14 55	15 00	15 06	15 13	15 21	15 31
24	15 29	15 33	15 38	15 42	15 48	15 53	15 59	16 06	16 14	16 23	16 33	16 44	16 58	17 15
25	16 32	16 37	16 43	16 50	16 57	17 04	17 13	17 23	17 33	17 46	18 00	18 18	18 40	19 08
26	17 34	17 40	17 48	17 56	18 04	18 14	18 25	18 37	18 51	19 08	19 28	19 53	20 29	21 39
27	18 33	18 41	18 49	18 59	19 09	19 20	19 33	19 47	20 04	20 24	20 50	21 26	22 45	□
28	19 29	19 37	19 46	19 56	20 07	20 18	20 32	20 48	21 06	21 29	21 58	22 42	□	□
29	20 19	20 27	20 36	20 45	20 56	21 07	21 21	21 36	21 53	22 15	22 43	23 23	□	□
30	21 02	21 09	21 17	21 26	21 35	21 46	21 58	22 11	22 27	22 45	23 07	23 36	□	□
July 1	21 38	21 45	21 51	21 59	22 07	22 16	22 25	22 36	22 49	23 03	23 20	23 41	0 20	□
2	22 09	22 14	22 20	22 26	22 32	22 39	22 46	22 55	23 04	23 15	23 27	23 41	{00 07 / 23 58}	0 43

□ indicates Moon continuously above horizon.
■ indicates Moon continuously below horizon.
.. .. indicates phenomenon will occur the next day.

MOONRISE AND MOONSET, 2022

UNIVERSAL TIME FOR MERIDIAN OF GREENWICH

MOONRISE

Lat.	−55°	−50°	−45°	−40°	−35°	−30°	−20°	−10°	0°	+10°	+20°	+30°	+35°	+40°
	h m	h m	h m	h m	h m	h m	h m	h m	h m	h m	h m	h m	h m	h m
July 1	10 33	10 03	9 40	9 22	9 07	8 53	8 30	8 10	7 51	7 33	7 13	6 49	6 36	6 20
2	10 53	10 29	10 11	9 56	9 43	9 31	9 12	8 55	8 39	8 23	8 06	7 46	7 35	7 21
3	11 08	10 50	10 36	10 24	10 14	10 06	9 50	9 37	9 24	9 12	8 58	8 43	8 34	8 24
4	11 19	11 07	10 58	10 50	10 43	10 37	10 26	10 17	10 08	10 00	9 50	9 39	9 33	9 26
5	11 28	11 22	11 17	11 13	11 10	11 06	11 01	10 56	10 51	10 47	10 42	10 36	10 33	10 29
6	11 37	11 37	11 36	11 36	11 36	11 35	11 35	11 35	11 34	11 34	11 34	11 33	11 33	11 33
7	11 46	11 52	11 56	11 59	12 03	12 05	12 10	12 14	12 18	12 23	12 27	12 32	12 35	12 38
8	11 57	12 08	12 17	12 25	12 32	12 38	12 48	12 57	13 05	13 14	13 23	13 34	13 40	13 47
9	12 11	12 29	12 43	12 55	13 05	13 14	13 30	13 44	13 57	14 10	14 24	14 40	14 50	15 00
10	12 30	12 56	13 15	13 32	13 45	13 57	14 18	14 36	14 53	15 10	15 29	15 50	16 02	16 17
11	13 00	13 33	13 58	14 18	14 35	14 49	15 14	15 35	15 55	16 15	16 37	17 02	17 17	17 34
12	13 49	14 27	14 54	15 16	15 34	15 50	16 17	16 40	17 01	17 23	17 46	18 13	18 29	18 47
13	15 01	15 38	16 05	16 26	16 44	16 59	17 25	17 48	18 08	18 29	18 51	19 17	19 32	19 50
14	16 32	17 03	17 26	17 44	17 59	18 13	18 35	18 55	19 13	19 31	19 51	20 13	20 26	20 41
15	18 10	18 32	18 49	19 03	19 15	19 25	19 43	19 58	20 13	20 27	20 42	20 59	21 10	21 21
16	19 45	19 59	20 10	20 20	20 28	20 35	20 47	20 57	21 07	21 17	21 27	21 39	21 46	21 53
17	21 14	21 22	21 27	21 32	21 36	21 40	21 46	21 51	21 57	22 02	22 07	22 13	22 17	22 21
18	22 39	22 40	22 40	22 41	22 41	22 41	22 42	22 42	22 43	22 43	22 44	22 44	22 45	22 45
19	.. ..	23 55	23 50	23 46	23 43	23 40	23 35	23 31	23 27	23 23	23 19	23 14	23 12	23 09
20	0 00	.. ..	.. ..	.. ..	.. ..	.. ..	.. ..	.. ..	.. ..	.. ..	23 54	23 44	23 39	23 32
21	1 20	1 08	0 59	0 51	0 44	0 38	0 28	0 19	0 11	0 03	.. ..	.. ..	.. ..	23 58
22	2 39	2 20	2 06	1 54	1 44	1 35	1 20	1 07	0 55	0 43	0 30	0 16	0 07	.. ..
23	3 57	3 32	3 13	2 57	2 44	2 32	2 13	1 56	1 41	1 25	1 09	0 50	0 39	0 26
24	5 13	4 41	4 17	3 59	3 43	3 29	3 06	2 46	2 28	2 10	1 50	1 27	1 14	0 59
25	6 22	5 46	5 19	4 58	4 40	4 25	4 00	3 38	3 17	2 57	2 35	2 10	1 55	1 38

MOONSET

Lat.	−55°	−50°	−45°	−40°	−35°	−30°	−20°	−10°	0°	+10°	+20°	+30°	+35°	+40°
	h m	h m	h m	h m	h m	h m	h m	h m	h m	h m	h m	h m	h m	h m
July 1	17 40	18 09	18 31	18 49	19 04	19 17	19 38	19 57	20 15	20 32	20 51	21 12	21 24	21 38
2	18 57	19 19	19 37	19 51	20 03	20 14	20 31	20 47	21 01	21 15	21 31	21 48	21 58	22 09
3	20 15	20 31	20 43	20 54	21 02	21 10	21 23	21 35	21 46	21 56	22 08	22 21	22 28	22 36
4	21 32	21 42	21 50	21 56	22 02	22 07	22 15	22 22	22 29	22 36	22 43	22 51	22 55	23 00
5	22 50	22 54	22 57	22 59	23 01	23 03	23 06	23 09	23 12	23 14	23 17	23 20	23 21	23 23
6	.. ..	.. ..	.. ..	.. ..	.. ..	.. ..	23 59	23 57	23 55	23 53	23 51	23 49	23 48	23 46
7	0 10	0 08	0 06	0 04	0 02	0 01	.. ..	.. ..	.. ..	.. ..	.. ..	.. ..	.. ..	.. ..
8	1 33	1 24	1 17	1 11	1 06	1 01	0 54	0 47	0 40	0 34	0 27	0 20	0 15	0 10
9	3 01	2 45	2 32	2 22	2 13	2 05	1 52	1 40	1 29	1 18	1 07	0 54	0 46	0 38
10	4 34	4 10	3 51	3 36	3 24	3 13	2 54	2 38	2 23	2 08	1 52	1 33	1 23	1 10
11	6 08	5 37	5 13	4 54	4 38	4 24	4 01	3 41	3 22	3 03	2 43	2 20	2 07	1 51
12	7 36	6 58	6 31	6 09	5 51	5 36	5 10	4 47	4 26	4 05	3 43	3 16	3 01	2 43
13	8 44	8 07	7 39	7 18	7 00	6 44	6 18	5 55	5 33	5 12	4 49	4 22	4 06	3 48
14	9 29	8 58	8 34	8 15	7 58	7 44	7 20	6 59	6 40	6 20	5 59	5 34	5 19	5 02
15	9 58	9 34	9 15	9 00	8 47	8 35	8 16	7 58	7 42	7 26	7 08	6 48	6 36	6 22
16	10 17	10 00	9 47	9 36	9 27	9 18	9 04	8 51	8 39	8 27	8 14	7 59	7 50	7 40
17	10 30	10 20	10 12	10 06	10 00	9 55	9 46	9 38	9 31	9 24	9 15	9 06	9 01	8 55
18	10 40	10 37	10 34	10 32	10 30	10 28	10 25	10 22	10 19	10 16	10 13	10 10	10 08	10 05
19	10 50	10 52	10 54	10 56	10 57	10 58	11 00	11 02	11 04	11 06	11 08	11 10	11 11	11 12
20	10 59	11 07	11 14	11 19	11 24	11 28	11 35	11 42	11 48	11 54	12 01	12 08	12 12	12 17
21	11 09	11 23	11 34	11 44	11 52	11 59	12 11	12 22	12 32	12 42	12 53	13 06	13 13	13 21
22	11 21	11 41	11 57	12 10	12 21	12 31	12 48	13 03	13 17	13 31	13 46	14 03	14 13	14 24
23	11 38	12 04	12 24	12 41	12 55	13 07	13 28	13 46	14 03	14 20	14 39	15 00	15 12	15 27
24	12 00	12 33	12 57	13 17	13 33	13 47	14 11	14 32	14 52	15 11	15 32	15 56	16 11	16 27
25	12 33	13 10	13 37	13 59	14 17	14 32	14 58	15 20	15 41	16 02	16 25	16 51	17 07	17 24

.. .. indicates phenomenon will occur the next day.

UNIVERSAL TIME FOR MERIDIAN OF GREENWICH
MOONRISE

Lat.	+40°	+42°	+44°	+46°	+48°	+50°	+52°	+54°	+56°	+58°	+60°	+62°	+64°	+66°
	h m	h m	h m	h m	h m	h m	h m	h m	h m	h m	h m	h m	h m	h m
July 1	6 20	6 13	6 05	5 57	5 47	5 37	5 26	5 13	4 57	4 40	4 18	3 49	3 06	□
2	7 21	7 15	7 09	7 02	6 54	6 46	6 36	6 26	6 14	6 00	5 44	5 24	4 59	4 23
3	8 24	8 19	8 14	8 09	8 03	7 56	7 49	7 42	7 33	7 23	7 12	6 58	6 42	6 22
4	9 26	9 23	9 20	9 16	9 12	9 08	9 03	8 58	8 52	8 46	8 38	8 30	8 20	8 08
5	10 29	10 27	10 26	10 24	10 22	10 19	10 17	10 14	10 11	10 08	10 04	10 00	9 55	9 50
6	11 33	11 33	11 32	11 32	11 32	11 32	11 32	11 32	11 32	11 31	11 31	11 31	11 31	11 30
7	12 38	12 40	12 42	12 43	12 45	12 47	12 49	12 52	12 54	12 57	13 01	13 05	13 09	13 14
8	13 47	13 51	13 54	13 58	14 02	14 06	14 11	14 16	14 22	14 28	14 35	14 44	14 54	15 06
9	15 00	15 05	15 11	15 16	15 22	15 29	15 37	15 45	15 54	16 05	16 17	16 32	16 50	17 12
10	16 17	16 24	16 31	16 38	16 47	16 56	17 06	17 18	17 31	17 47	18 06	18 30	19 02	19 54
11	17 34	17 42	17 51	18 00	18 10	18 22	18 35	18 49	19 07	19 28	19 55	20 33	■	■
12	18 47	18 55	19 05	19 15	19 26	19 38	19 52	20 08	20 27	20 51	21 22	22 11	■	■
13	19 50	19 58	20 06	20 16	20 26	20 37	20 50	21 05	21 22	21 43	22 09	22 45	23 56	■
14	20 41	20 47	20 55	21 02	21 11	21 20	21 31	21 42	21 56	22 11	22 29	22 52	23 21	■
15	21 21	21 26	21 31	21 37	21 44	21 51	21 58	22 06	22 16	22 26	22 39	22 53	23 10	{00 04 / 23 31}
16	21 53	21 57	22 00	22 04	22 08	22 13	22 18	22 23	22 29	22 36	22 43	22 52	23 02	23 13
17	22 21	22 22	22 24	22 26	22 28	22 31	22 33	22 36	22 39	22 42	22 46	22 50	22 55	23 01
18	22 45	22 45	22 46	22 46	22 46	22 46	22 47	22 47	22 47	22 48	22 48	22 48	22 49	22 50
19	23 09	23 07	23 06	23 04	23 03	23 01	22 59	22 57	22 55	22 52	22 50	22 46	22 43	22 39
20	23 32	23 30	23 27	23 23	23 20	23 16	23 12	23 08	23 03	22 58	22 52	22 45	22 37	22 28
21	23 58	23 53	23 49	23 44	23 39	23 33	23 27	23 20	23 13	23 04	22 54	22 43	22 30	22 15
22	.. ..	.. ..	.. ..	.. ..	.. ..	23 54	23 45	23 36	23 25	23 13	22 59	22 43	22 23	21 58
23	0 26	0 21	0 15	0 08	0 01	.. ..	.. ..	23 56	23 43	23 27	23 08	22 44	22 13	21 24
24	0 59	0 52	0 45	0 37	0 28	0 19	0 08	.. ..	.. ..	23 49	23 24	22 51	21 53	□
25	1 38	1 30	1 22	1 13	1 03	0 52	0 39	0 25	0 09	.. ..	23 55	23 12	□	□

MOONSET

Lat.	+40°	+42°	+44°	+46°	+48°	+50°	+52°	+54°	+56°	+58°	+60°	+62°	+64°	+66°
	h m	h m	h m	h m	h m	h m	h m	h m	h m	h m	h m	h m	h m	h m
July 1	21 38	21 45	21 51	21 59	22 07	22 16	22 25	22 36	22 49	23 03	23 20	23 41	0 20	□
2	22 09	22 14	22 20	22 26	22 32	22 39	22 46	22 55	23 04	23 15	23 27	23 41	{00 07 / 23 58}	0 43
3	22 36	22 40	22 44	22 48	22 53	22 58	23 03	23 09	23 15	23 23	23 31	23 41	23 52	0 19
4	23 00	23 03	23 05	23 08	23 11	23 14	23 17	23 20	23 24	23 29	23 34	23 39	23 45	{00 05 / 23 53}
5	23 23	23 24	23 25	23 26	23 27	23 28	23 29	23 31	23 32	23 34	23 35	23 37	23 39	23 42
6	23 46	23 46	23 45	23 44	23 43	23 42	23 42	23 41	23 39	23 38	23 37	23 35	23 34	23 32
7	.. ..	.. ..	.. ..	.. ..	.. ..	23 58	23 55	23 51	23 48	23 43	23 39	23 33	23 27	23 20
8	0 10	0 08	0 06	0 03	0 01	.. ..	.. ..	23 58	23 50	23 42	23 32	23 21	23 07	22 54
9	0 38	0 34	0 30	0 26	0 21	0 16	0 10	0 04	.. ..	.. ..	23 47	23 31	23 12	22 49
10	1 10	1 05	0 59	0 53	0 46	0 39	0 31	0 22	0 12	0 00	23 57	23 33	23 00	22 07
11	1 51	1 44	1 37	1 29	1 20	1 10	0 59	0 47	0 33	0 17	.. ..	23 42	■	■
12	2 43	2 35	2 26	2 17	2 06	1 55	1 42	1 26	1 09	0 47	0 20	.. ..	■	■
13	3 48	3 39	3 30	3 20	3 09	2 57	2 43	2 27	2 08	1 44	1 13	0 24	■	■
14	5 02	4 55	4 46	4 37	4 27	4 16	4 04	3 49	3 32	3 12	2 47	2 11	1 01	■
15	6 22	6 15	6 09	6 01	5 53	5 44	5 35	5 24	5 11	4 56	4 39	4 17	3 49	3 06
16	7 40	7 36	7 31	7 25	7 20	7 14	7 07	6 59	6 51	6 41	6 30	6 17	6 01	5 41
17	8 55	8 52	8 49	8 46	8 42	8 39	8 35	8 30	8 25	8 20	8 13	8 06	7 58	7 48
18	10 05	10 04	10 03	10 02	10 01	9 59	9 58	9 56	9 54	9 52	9 50	9 47	9 44	9 41
19	11 12	11 13	11 14	11 14	11 15	11 16	11 17	11 18	11 19	11 20	11 21	11 23	11 25	11 27
20	12 17	12 20	12 22	12 24	12 27	12 30	12 33	12 37	12 41	12 45	12 50	12 56	13 02	13 10
21	13 21	13 25	13 29	13 33	13 38	13 43	13 48	13 54	14 01	14 09	14 18	14 28	14 40	14 54
22	14 24	14 30	14 35	14 41	14 48	14 55	15 03	15 11	15 21	15 33	15 46	16 02	16 21	16 45
23	15 27	15 33	15 40	15 48	15 56	16 05	16 16	16 27	16 40	16 56	17 14	17 37	18 08	18 56
24	16 27	16 35	16 43	16 52	17 02	17 13	17 25	17 39	17 55	18 14	18 39	19 12	20 09	□
25	17 24	17 33	17 41	17 51	18 02	18 14	18 27	18 42	19 01	19 23	19 52	20 36	□	□

□ indicates Moon continuously above horizon.
■ indicates Moon continuously below horizon.
.. .. indicates phenomenon will occur the next day.

MOONRISE AND MOONSET, 2022

UNIVERSAL TIME FOR MERIDIAN OF GREENWICH
MOONRISE

Lat.	−55°	−50°	−45°	−40°	−35°	−30°	−20°	−10°	0°	+10°	+20°	+30°	+35°	+40°
	h m	h m	h m	h m	h m	h m	h m	h m	h m	h m	h m	h m	h m	h m
July 24	5 13	4 41	4 17	3 59	3 43	3 29	3 06	2 46	2 28	2 10	1 50	1 27	1 14	0 59
25	6 22	5 46	5 19	4 58	4 40	4 25	4 00	3 38	3 17	2 57	2 35	2 10	1 55	1 38
26	7 21	6 42	6 14	5 52	5 34	5 18	4 52	4 29	4 08	3 46	3 24	2 57	2 42	2 23
27	8 06	7 29	7 02	6 41	6 23	6 08	5 42	5 19	4 58	4 37	4 15	3 49	3 34	3 16
28	8 37	8 06	7 42	7 22	7 06	6 52	6 28	6 08	5 48	5 29	5 08	4 44	4 30	4 13
29	9 00	8 34	8 14	7 58	7 44	7 32	7 11	6 53	6 37	6 20	6 02	5 41	5 28	5 14
30	9 15	8 56	8 40	8 28	8 17	8 07	7 51	7 36	7 23	7 09	6 55	6 38	6 28	6 17
31	9 27	9 14	9 03	8 54	8 46	8 39	8 28	8 17	8 07	7 57	7 47	7 35	7 28	7 20
Aug. 1	9 37	9 29	9 23	9 18	9 13	9 09	9 02	8 56	8 50	8 45	8 38	8 31	8 27	8 22
2	9 46	9 44	9 42	9 40	9 39	9 38	9 36	9 34	9 33	9 31	9 30	9 28	9 27	9 25
3	9 54	9 58	10 01	10 03	10 05	10 07	10 10	10 13	10 16	10 19	10 22	10 25	10 27	10 30
4	10 04	10 13	10 21	10 27	10 33	10 38	10 46	10 54	11 01	11 08	11 16	11 25	11 30	11 36
5	10 16	10 31	10 44	10 54	11 03	11 11	11 25	11 37	11 49	12 01	12 13	12 27	12 36	12 45
6	10 32	10 54	11 12	11 27	11 39	11 50	12 09	12 26	12 41	12 57	13 14	13 34	13 45	13 58
7	10 56	11 26	11 49	12 07	12 23	12 37	13 00	13 20	13 39	13 58	14 19	14 43	14 57	15 13
8	11 34	12 10	12 37	12 59	13 16	13 32	13 58	14 20	14 42	15 03	15 26	15 52	16 08	16 26
9	12 33	13 12	13 40	14 02	14 20	14 36	15 03	15 26	15 47	16 08	16 31	16 58	17 14	17 32
10	13 55	14 30	14 55	15 15	15 32	15 47	16 11	16 32	16 52	17 12	17 33	17 57	18 12	18 28
11	15 31	15 58	16 18	16 34	16 48	17 00	17 20	17 38	17 54	18 11	18 28	18 48	19 00	19 13
12	17 09	17 27	17 41	17 53	18 03	18 12	18 27	18 40	18 52	19 04	19 16	19 31	19 39	19 49
13	18 43	18 54	19 02	19 09	19 15	19 20	19 29	19 37	19 44	19 52	19 59	20 08	20 13	20 19
14	20 13	20 16	20 19	20 21	20 23	20 25	20 28	20 31	20 33	20 36	20 38	20 41	20 43	20 45
15	21 38	21 35	21 32	21 30	21 28	21 27	21 24	21 22	21 20	21 17	21 15	21 13	21 11	21 09
16	23 01	22 51	22 43	22 37	22 32	22 27	22 19	22 11	22 05	21 58	21 51	21 43	21 39	21 34
17	.. ..	.. ..	23 53	23 43	23 34	23 26	23 12	23 01	22 50	22 39	22 28	22 15	22 07	21 59

MOONSET

Lat.	−55°	−50°	−45°	−40°	−35°	−30°	−20°	−10°	0°	+10°	+20°	+30°	+35°	+40°
	h m	h m	h m	h m	h m	h m	h m	h m	h m	h m	h m	h m	h m	h m
July 24	12 00	12 33	12 57	13 17	13 33	13 47	14 11	14 32	14 52	15 11	15 32	15 56	16 11	16 27
25	12 33	13 10	13 37	13 59	14 17	14 32	14 58	15 20	15 41	16 02	16 25	16 51	17 07	17 24
26	13 19	13 58	14 26	14 48	15 06	15 22	15 48	16 11	16 32	16 53	17 16	17 43	17 58	18 16
27	14 19	14 55	15 22	15 43	16 00	16 15	16 41	17 02	17 23	17 43	18 05	18 30	18 44	19 01
28	15 30	16 01	16 24	16 42	16 58	17 11	17 34	17 54	18 12	18 30	18 49	19 12	19 25	19 40
29	16 46	17 10	17 29	17 44	17 57	18 08	18 27	18 44	18 59	19 14	19 31	19 49	20 00	20 12
30	18 04	18 22	18 36	18 47	18 57	19 05	19 20	19 33	19 45	19 56	20 09	20 23	20 31	20 40
31	19 22	19 33	19 42	19 50	19 56	20 02	20 12	20 20	20 28	20 36	20 44	20 54	20 59	21 05
Aug. 1	20 40	20 45	20 49	20 53	20 56	20 58	21 03	21 07	21 11	21 14	21 18	21 23	21 25	21 28
2	21 58	21 57	21 57	21 56	21 56	21 55	21 55	21 54	21 53	21 53	21 52	21 51	21 51	21 50
3	23 18	23 11	23 06	23 01	22 57	22 54	22 47	22 42	22 37	22 32	22 27	22 21	22 17	22 13
4	.. ..	.. ..	.. ..	.. ..	.. ..	23 54	23 43	23 33	23 23	23 14	23 04	22 53	22 46	22 39
5	0 42	0 29	0 18	0 09	0 01	.. ..	.. ..	.. ..	.. ..	.. ..	23 45	23 29	23 19	23 08
6	2 11	1 50	1 33	1 20	1 08	0 59	0 42	0 27	0 13	0 00	.. ..	.. ..	23 58	23 44
7	3 42	3 13	2 51	2 34	2 19	2 06	1 44	1 26	1 08	0 51	0 32	0 11	.. ..	.. ..
8	5 11	4 35	4 09	3 48	3 31	3 16	2 50	2 29	2 08	1 48	1 26	1 01	0 46	0 29
9	6 27	5 48	5 20	4 58	4 40	4 24	3 57	3 34	3 13	2 51	2 28	2 01	1 45	1 26
10	7 21	6 46	6 20	5 59	5 42	5 27	5 01	4 39	4 18	3 57	3 35	3 09	2 53	2 35
11	7 57	7 29	7 07	6 50	6 35	6 22	6 00	5 40	5 22	5 04	4 44	4 21	4 08	3 52
12	8 19	7 59	7 43	7 30	7 19	7 09	6 51	6 36	6 22	6 08	5 52	5 34	5 24	5 12
13	8 35	8 22	8 11	8 03	7 55	7 49	7 37	7 27	7 17	7 07	6 57	6 45	6 38	6 30
14	8 46	8 40	8 35	8 31	8 27	8 24	8 18	8 13	8 08	8 03	7 58	7 52	7 48	7 44
15	8 56	8 56	8 56	8 56	8 56	8 56	8 56	8 56	8 55	8 55	8 55	8 55	8 55	8 55
16	9 05	9 11	9 16	9 20	9 23	9 27	9 32	9 37	9 41	9 46	9 50	9 56	9 59	10 02
17	9 15	9 27	9 37	9 45	9 51	9 58	10 08	10 17	10 26	10 35	10 44	10 55	11 01	11 09

.. .. indicates phenomenon will occur the next day.

UNIVERSAL TIME FOR MERIDIAN OF GREENWICH
MOONRISE

Lat.	+40°	+42°	+44°	+46°	+48°	+50°	+52°	+54°	+56°	+58°	+60°	+62°	+64°	+66°
	h m	h m	h m	h m	h m	h m	h m	h m	h m	h m	h m	h m	h m	h m
July 24	0 59	0 52	0 45	0 37	0 28	0 19	0 08	.. ..	.. ..	23 49	23 24	22 51	21 53	□
25	1 38	1 30	1 22	1 13	1 03	0 52	0 39	0 25	0 09	.. ..	23 55	23 12	□	□
26	2 23	2 15	2 06	1 57	1 46	1 34	1 21	1 05	0 47	0 24	.. ..	.. ..	□	□
27	3 16	3 08	2 59	2 49	2 39	2 27	2 13	1 58	1 40	1 18	0 49	0 06	□	□
28	4 13	4 06	3 58	3 49	3 39	3 29	3 17	3 03	2 47	2 28	2 04	1 32	0 39	□
29	5 14	5 08	5 01	4 54	4 46	4 37	4 27	4 15	4 02	3 47	3 29	3 07	2 38	1 53
30	6 17	6 12	6 06	6 01	5 54	5 47	5 40	5 31	5 21	5 10	4 58	4 43	4 24	4 01
31	7 20	7 16	7 12	7 08	7 04	6 59	6 54	6 48	6 41	6 34	6 25	6 16	6 04	5 51
Aug. 1	8 22	8 20	8 18	8 16	8 13	8 10	8 07	8 04	8 00	7 56	7 52	7 46	7 40	7 33
2	9 25	9 25	9 24	9 24	9 23	9 22	9 22	9 21	9 20	9 19	9 18	9 16	9 15	9 13
3	10 30	10 31	10 32	10 33	10 34	10 36	10 37	10 39	10 41	10 43	10 45	10 47	10 50	10 54
4	11 36	11 39	11 41	11 44	11 48	11 51	11 55	11 59	12 04	12 10	12 16	12 23	12 31	12 40
5	12 45	12 50	12 54	12 59	13 05	13 11	13 17	13 24	13 32	13 42	13 52	14 04	14 19	14 37
6	13 58	14 04	14 11	14 18	14 25	14 34	14 43	14 53	15 05	15 19	15 35	15 55	16 20	16 56
7	15 13	15 21	15 29	15 37	15 47	15 58	16 10	16 23	16 39	16 58	17 22	17 54	18 46	■
8	16 26	16 34	16 43	16 53	17 04	17 16	17 30	17 46	18 05	18 28	18 59	19 47	■	■
9	17 32	17 41	17 50	17 59	18 10	18 22	18 36	18 52	19 11	19 33	20 03	20 48	■	■
10	18 28	18 35	18 43	18 52	19 02	19 12	19 24	19 37	19 53	20 11	20 33	21 02	21 43	■
11	19 13	19 19	19 25	19 32	19 39	19 48	19 57	20 07	20 18	20 31	20 46	21 04	21 26	21 55
12	19 49	19 53	19 58	20 03	20 08	20 13	20 20	20 26	20 34	20 43	20 52	21 03	21 16	21 32
13	20 19	20 21	20 24	20 27	20 30	20 33	20 37	20 41	20 45	20 50	20 56	21 02	21 09	21 17
14	20 45	20 46	20 47	20 48	20 49	20 50	20 51	20 53	20 54	20 56	20 58	21 00	21 02	21 05
15	21 09	21 09	21 08	21 07	21 06	21 05	21 04	21 03	21 02	21 01	20 59	20 58	20 56	20 54
16	21 34	21 31	21 29	21 26	21 24	21 21	21 17	21 14	21 10	21 06	21 01	20 55	20 49	20 42
17	21 59	21 55	21 51	21 47	21 42	21 37	21 32	21 26	21 19	21 12	21 03	20 54	20 43	20 29

MOONSET

Lat.	+40°	+42°	+44°	+46°	+48°	+50°	+52°	+54°	+56°	+58°	+60°	+62°	+64°	+66°
	h m	h m	h m	h m	h m	h m	h m	h m	h m	h m	h m	h m	h m	h m
July 24	16 27	16 35	16 43	16 52	17 02	17 13	17 25	17 39	17 55	18 14	18 39	19 12	20 09	□
25	17 24	17 33	17 41	17 51	18 02	18 14	18 27	18 42	19 01	19 23	19 52	20 36	□	□
26	18 16	18 24	18 33	18 43	18 53	19 05	19 19	19 34	19 53	20 15	20 44	21 27	□	□
27	19 01	19 09	19 17	19 26	19 36	19 47	19 59	20 13	20 30	20 49	21 13	21 46	22 39	□
28	19 40	19 46	19 53	20 01	20 10	20 19	20 30	20 41	20 55	21 10	21 29	21 51	22 21	23 07
29	20 12	20 18	20 23	20 30	20 37	20 44	20 52	21 01	21 12	21 23	21 37	21 53	22 12	22 36
30	20 40	20 44	20 49	20 53	20 58	21 04	21 10	21 16	21 24	21 32	21 41	21 52	22 05	22 19
31	21 05	21 08	21 11	21 14	21 17	21 20	21 24	21 28	21 33	21 38	21 44	21 51	21 58	22 07
Aug. 1	21 28	21 29	21 31	21 32	21 33	21 35	21 37	21 39	21 41	21 43	21 46	21 49	21 52	21 56
2	21 50	21 50	21 50	21 50	21 49	21 49	21 49	21 48	21 48	21 48	21 47	21 47	21 46	21 45
3	22 13	22 12	22 10	22 08	22 06	22 04	22 01	21 58	21 56	21 52	21 49	21 44	21 40	21 34
4	22 39	22 36	22 32	22 28	22 24	22 20	22 15	22 10	22 04	21 58	21 51	21 43	21 33	21 22
5	23 08	23 03	22 58	22 53	22 47	22 40	22 33	22 25	22 16	22 06	21 55	21 41	21 25	21 06
6	23 44	23 38	23 31	23 23	23 15	23 06	22 57	22 46	22 33	22 19	22 02	21 41	21 15	20 39
7	.. ..	.. ..	.. ..	.. ..	23 54	23 43	23 31	23 17	23 01	22 41	22 17	21 45	20 52	■
8	0 29	0 22	0 13	0 04	.. ..	.. ..	.. ..	.. ..	23 47	23 23	22 52	22 04	■	■
9	1 26	1 18	1 09	0 59	0 48	0 36	0 22	0 06	.. ..	.. ..	.. ..	23 21	■	■
10	2 35	2 27	2 18	2 09	1 58	1 46	1 32	1 17	0 58	0 36	0 06	.. ..	■	■
11	3 52	3 45	3 38	3 29	3 20	3 10	2 59	2 46	2 31	2 13	1 52	1 24	0 43	■
12	5 12	5 07	5 01	4 54	4 48	4 40	4 32	4 22	4 12	4 00	3 45	3 28	3 07	2 40
13	6 30	6 26	6 22	6 18	6 14	6 09	6 03	5 57	5 51	5 43	5 35	5 25	5 13	4 59
14	7 44	7 42	7 40	7 38	7 36	7 34	7 31	7 28	7 25	7 21	7 17	7 12	7 07	7 01
15	8 55	8 54	8 54	8 54	8 54	8 54	8 54	8 54	8 54	8 54	8 53	8 53	8 53	8 53
16	10 02	10 04	10 06	10 08	10 09	10 12	10 14	10 16	10 19	10 22	10 26	10 30	10 34	10 40
17	11 09	11 12	11 15	11 19	11 23	11 27	11 32	11 37	11 43	11 49	11 57	12 05	12 15	12 27

□ indicates Moon continuously above horizon.
■ indicates Moon continuously below horizon.
.. .. indicates phenomenon will occur the next day.

MOONRISE AND MOONSET, 2022

UNIVERSAL TIME FOR MERIDIAN OF GREENWICH

MOONRISE

Lat.	−55°	−50°	−45°	−40°	−35°	−30°	−20°	−10°	0°	+10°	+20°	+30°	+35°	+40°
	h m	h m	h m	h m	h m	h m	h m	h m	h m	h m	h m	h m	h m	h m
Aug. 16	23 01	22 51	22 43	22 37	22 32	22 27	22 19	22 11	22 05	21 58	21 51	21 43	21 39	21 34
17	.. ..	.. ..	23 53	23 43	23 34	23 26	23 12	23 01	22 50	22 39	22 28	22 15	22 07	21 59
18	0 22	0 06	.. ..	.. ..	.. ..	.. ..	.. ..	23 50	23 36	23 21	23 06	22 48	22 38	22 26
19	1 42	1 19	1 01	0 47	0 35	0 24	0 06	.. ..	.. ..	.. ..	23 47	23 25	23 12	22 58
20	3 00	2 31	2 08	1 50	1 35	1 22	1 00	0 41	0 23	0 05	.. ..	.. ..	23 52	23 35
21	4 13	3 38	3 11	2 51	2 34	2 19	1 54	1 32	1 12	0 52	0 31	0 06	.. ..	.. ..
22	5 16	4 37	4 09	3 47	3 29	3 13	2 47	2 24	2 02	1 41	1 18	0 52	0 36	0 18
23	6 06	5 28	5 00	4 38	4 20	4 04	3 37	3 15	2 53	2 32	2 09	1 43	1 27	1 09
24	6 41	6 07	5 42	5 22	5 05	4 50	4 25	4 04	3 44	3 23	3 02	2 37	2 22	2 05
25	7 06	6 38	6 16	5 59	5 44	5 31	5 10	4 51	4 33	4 15	3 56	3 33	3 20	3 05
26	7 23	7 01	6 44	6 31	6 19	6 08	5 50	5 35	5 20	5 05	4 49	4 31	4 20	4 08
27	7 36	7 20	7 08	6 58	6 49	6 41	6 28	6 16	6 05	5 54	5 42	5 29	5 21	5 11
28	7 46	7 36	7 29	7 22	7 17	7 12	7 04	6 56	6 49	6 42	6 34	6 26	6 21	6 15
29	7 55	7 51	7 48	7 45	7 43	7 41	7 38	7 35	7 32	7 29	7 26	7 23	7 21	7 19
30	8 03	8 05	8 06	8 08	8 09	8 10	8 12	8 14	8 15	8 17	8 19	8 21	8 22	8 23
31	8 12	8 20	8 26	8 31	8 36	8 40	8 47	8 54	9 00	9 06	9 12	9 20	9 24	9 29
Sept. 1	8 22	8 36	8 48	8 57	9 05	9 12	9 25	9 36	9 46	9 57	10 08	10 21	10 29	10 37
2	8 36	8 57	9 14	9 27	9 39	9 49	10 07	10 22	10 37	10 51	11 07	11 25	11 36	11 48
3	8 57	9 25	9 46	10 04	10 19	10 32	10 54	11 13	11 31	11 50	12 09	12 32	12 46	13 01
4	9 28	10 03	10 29	10 50	11 07	11 22	11 48	12 10	12 31	12 51	13 14	13 40	13 55	14 13
5	10 17	10 56	11 24	11 47	12 05	12 21	12 48	13 11	13 33	13 55	14 18	14 45	15 01	15 20
6	11 28	12 06	12 33	12 54	13 12	13 27	13 53	14 16	14 37	14 57	15 20	15 45	16 01	16 18
7	12 58	13 28	13 51	14 09	14 25	14 38	15 01	15 20	15 38	15 56	16 16	16 38	16 51	17 06
8	14 34	14 56	15 13	15 27	15 39	15 49	16 07	16 22	16 37	16 51	17 06	17 23	17 33	17 45
9	16 09	16 23	16 35	16 44	16 52	16 59	17 11	17 21	17 31	17 40	17 51	18 02	18 09	18 16

MOONSET

Lat.	−55°	−50°	−45°	−40°	−35°	−30°	−20°	−10°	0°	+10°	+20°	+30°	+35°	+40°
	h m	h m	h m	h m	h m	h m	h m	h m	h m	h m	h m	h m	h m	h m
Aug. 16	9 05	9 11	9 16	9 20	9 23	9 27	9 32	9 37	9 41	9 46	9 50	9 56	9 59	10 02
17	9 15	9 27	9 37	9 45	9 51	9 58	10 08	10 17	10 26	10 35	10 44	10 55	11 01	11 09
18	9 27	9 45	9 59	10 11	10 21	10 30	10 45	10 59	11 12	11 24	11 38	11 54	12 03	12 14
19	9 41	10 06	10 25	10 40	10 54	11 05	11 25	11 42	11 58	12 15	12 32	12 52	13 04	13 18
20	10 02	10 32	10 56	11 15	11 30	11 44	12 07	12 28	12 47	13 06	13 26	13 50	14 04	14 20
21	10 31	11 07	11 33	11 55	12 12	12 27	12 53	13 15	13 36	13 57	14 19	14 45	15 01	15 18
22	11 12	11 51	12 19	12 41	13 00	13 16	13 42	14 05	14 27	14 48	15 11	15 38	15 54	16 12
23	12 08	12 46	13 13	13 35	13 53	14 08	14 34	14 57	15 18	15 39	16 01	16 27	16 42	16 59
24	13 16	13 49	14 14	14 33	14 50	15 04	15 28	15 48	16 08	16 27	16 47	17 10	17 24	17 40
25	14 31	14 58	15 19	15 35	15 49	16 01	16 22	16 39	16 56	17 12	17 29	17 49	18 01	18 14
26	15 50	16 10	16 26	16 39	16 49	16 59	17 15	17 29	17 42	17 55	18 09	18 24	18 33	18 44
27	17 09	17 23	17 33	17 42	17 50	17 56	18 07	18 17	18 26	18 35	18 45	18 56	19 02	19 09
28	18 28	18 35	18 41	18 46	18 50	18 53	18 59	19 05	19 10	19 15	19 20	19 26	19 29	19 33
29	19 47	19 48	19 49	19 49	19 50	19 50	19 51	19 52	19 53	19 53	19 54	19 55	19 55	19 55
30	21 07	21 02	20 58	20 54	20 51	20 49	20 44	20 40	20 36	20 32	20 28	20 24	20 21	20 18
31	22 30	22 19	22 09	22 01	21 55	21 49	21 39	21 30	21 21	21 13	21 04	20 55	20 49	20 42
Sept. 1	23 57	23 38	23 23	23 11	23 00	22 51	22 36	22 22	22 10	21 57	21 44	21 29	21 20	21 10
2	.. ..	.. ..	.. ..	.. ..	.. ..	23 57	23 36	23 19	23 02	22 46	22 28	22 08	21 56	21 43
3	1 27	1 00	0 39	0 23	0 09	.. ..	.. ..	.. ..	23 59	23 39	23 18	22 54	22 40	22 24
4	2 55	2 21	1 56	1 36	1 19	1 04	0 40	0 19	.. ..	.. ..	.. ..	23 49	23 33	23 15
5	4 15	3 36	3 08	2 46	2 27	2 11	1 45	1 22	1 00	0 39	0 16	.. ..	.. ..	.. ..
6	5 15	4 38	4 10	3 48	3 30	3 14	2 48	2 25	2 03	1 42	1 19	0 52	0 36	0 17
7	5 56	5 24	5 00	4 41	4 25	4 11	3 47	3 26	3 06	2 47	2 25	2 01	1 46	1 29
8	6 22	5 58	5 40	5 24	5 11	5 00	4 40	4 23	4 07	3 50	3 33	3 12	3 00	2 46
9	6 40	6 23	6 10	5 59	5 50	5 42	5 27	5 15	5 03	4 51	4 38	4 23	4 14	4 04

.. .. indicates phenomenon will occur the next day.

UNIVERSAL TIME FOR MERIDIAN OF GREENWICH

MOONRISE

Lat.	+40°	+42°	+44°	+46°	+48°	+50°	+52°	+54°	+56°	+58°	+60°	+62°	+64°	+66°
	h m	h m	h m	h m	h m	h m	h m	h m	h m	h m	h m	h m	h m	h m
Aug. 16	21 34	21 31	21 29	21 26	21 24	21 21	21 17	21 14	21 10	21 06	21 01	20 55	20 49	20 42
17	21 59	21 55	21 51	21 47	21 42	21 37	21 32	21 26	21 19	21 12	21 03	20 54	20 43	20 29
18	22 26	22 21	22 16	22 10	22 03	21 56	21 49	21 40	21 30	21 20	21 07	20 52	20 35	20 13
19	22 58	22 52	22 45	22 37	22 29	22 20	22 10	21 59	21 46	21 31	21 14	20 53	20 25	19 47
20	23 35	23 27	23 19	23 11	23 01	22 50	22 38	22 24	22 09	21 50	21 27	20 56	20 09	☐
21	.. ..	.. ..	.. ..	23 52	23 41	23 29	23 16	23 00	22 42	22 20	21 51	21 09	☐	☐
22	0 18	0 10	0 01	.. ..	.. ..	.. ..	.. ..	23 49	23 30	23 07	22 37	21 50	☐	☐
23	1 09	1 00	0 51	0 42	0 31	0 19	0 05	.. ..	.. ..	.. ..	23 47	23 10	☐	☐
24	2 05	1 57	1 49	1 39	1 29	1 18	1 05	0 51	0 34	0 13	.. ..	.. ..	☐	23 00
25	3 05	2 58	2 51	2 43	2 34	2 25	2 14	2 02	1 48	1 31	1 11	0 46	0 10	.. ..
26	4 08	4 02	3 57	3 50	3 43	3 36	3 27	3 18	3 07	2 54	2 40	2 23	2 01	1 33
27	5 11	5 07	5 03	4 58	4 53	4 48	4 42	4 35	4 27	4 19	4 09	3 58	3 44	3 28
28	6 15	6 12	6 10	6 07	6 04	6 00	5 57	5 52	5 48	5 43	5 37	5 31	5 23	5 14
29	7 19	7 18	7 17	7 16	7 14	7 13	7 12	7 10	7 08	7 06	7 04	7 02	6 59	6 56
30	8 23	8 24	8 24	8 25	8 26	8 26	8 27	8 28	8 29	8 30	8 32	8 33	8 35	8 37
31	9 29	9 31	9 33	9 36	9 39	9 42	9 45	9 48	9 52	9 57	10 02	10 08	10 14	10 22
Sept. 1	10 37	10 41	10 45	10 50	10 54	11 00	11 06	11 12	11 19	11 27	11 36	11 47	12 00	12 15
2	11 48	11 54	12 00	12 06	12 13	12 21	12 29	12 39	12 50	13 02	13 17	13 34	13 56	14 25
3	13 01	13 08	13 16	13 24	13 33	13 43	13 54	14 07	14 22	14 40	15 01	15 29	16 10	■
4	14 13	14 21	14 30	14 40	14 50	15 02	15 16	15 32	15 50	16 12	16 42	17 27	■	■
5	15 20	15 29	15 38	15 48	15 59	16 12	16 26	16 42	17 02	17 26	17 58	18 52	■	■
6	16 18	16 26	16 35	16 44	16 54	17 06	17 19	17 33	17 51	18 11	18 37	19 13	20 26	■
7	17 06	17 13	17 20	17 28	17 36	17 45	17 56	18 07	18 21	18 36	18 54	19 17	19 46	20 29
8	17 45	17 50	17 55	18 01	18 07	18 14	18 22	18 30	18 39	18 50	19 02	19 16	19 33	19 54
9	18 16	18 20	18 23	18 27	18 31	18 36	18 41	18 46	18 52	18 58	19 06	19 14	19 24	19 35

MOONSET

Lat.	+40°	+42°	+44°	+46°	+48°	+50°	+52°	+54°	+56°	+58°	+60°	+62°	+64°	+66°
	h m	h m	h m	h m	h m	h m	h m	h m	h m	h m	h m	h m	h m	h m
Aug. 16	10 02	10 04	10 06	10 08	10 09	10 12	10 14	10 16	10 19	10 22	10 26	10 30	10 34	10 40
17	11 09	11 12	11 15	11 19	11 23	11 27	11 32	11 37	11 43	11 49	11 57	12 05	12 15	12 27
18	12 14	12 18	12 23	12 29	12 35	12 41	12 48	12 56	13 05	13 15	13 27	13 41	13 57	14 18
19	13 18	13 24	13 30	13 37	13 45	13 54	14 03	14 14	14 26	14 40	14 57	15 18	15 44	16 22
20	14 20	14 27	14 35	14 43	14 53	15 03	15 15	15 28	15 44	16 02	16 25	16 55	17 42	☐
21	15 18	15 26	15 35	15 45	15 55	16 07	16 20	16 36	16 54	17 16	17 44	18 26	☐	☐
22	16 12	16 20	16 29	16 39	16 50	17 02	17 16	17 32	17 51	18 14	18 44	19 31	☐	☐
23	16 59	17 07	17 16	17 25	17 36	17 47	18 00	18 15	18 32	18 53	19 19	19 56	☐	☐
24	17 40	17 47	17 55	18 03	18 12	18 22	18 33	18 46	19 00	19 17	19 38	20 04	20 40	21 51
25	18 14	18 20	18 26	18 33	18 41	18 49	18 58	19 08	19 19	19 32	19 47	20 05	20 27	20 57
26	18 44	18 48	18 53	18 58	19 04	19 10	19 17	19 24	19 32	19 42	19 52	20 05	20 19	20 36
27	19 09	19 12	19 16	19 19	19 23	19 27	19 32	19 37	19 42	19 48	19 55	20 03	20 12	20 22
28	19 33	19 34	19 36	19 38	19 40	19 42	19 45	19 47	19 50	19 53	19 57	20 01	20 05	20 11
29	19 55	19 56	19 56	19 56	19 56	19 56	19 57	19 57	19 57	19 58	19 58	19 58	19 59	20 00
30	20 18	20 17	20 15	20 14	20 12	20 11	20 09	20 07	20 04	20 02	19 59	19 56	19 52	19 48
31	20 42	20 40	20 37	20 33	20 30	20 26	20 22	20 17	20 12	20 07	20 01	19 54	19 46	19 36
Sept. 1	21 10	21 06	21 01	20 56	20 50	20 44	20 38	20 31	20 23	20 14	20 03	19 52	19 38	19 21
2	21 43	21 37	21 31	21 24	21 16	21 08	20 59	20 49	20 37	20 24	20 09	19 50	19 28	18 58
3	22 24	22 16	22 08	22 00	21 50	21 40	21 28	21 15	20 59	20 41	20 19	19 51	19 10	■
4	23 15	23 06	22 57	22 48	22 37	22 25	22 11	21 55	21 36	21 14	20 44	19 59	■	■
5	.. ..	.. ..	23 59	23 49	23 38	23 26	23 12	22 55	22 36	22 12	21 40	20 46	■	■
6	0 17	0 09	.. ..	.. ..	.. ..	.. ..	.. ..	.. ..	23 59	23 39	23 13	22 37	21 25	■
7	1 29	1 21	1 13	1 04	0 54	0 43	0 30	0 16	.. ..	.. ..	.. ..	.. ..	.. ..	23 31
8	2 46	2 40	2 33	2 26	2 18	2 09	1 59	1 48	1 36	1 21	1 03	0 42	0 14	.. ..
9	4 04	3 59	3 55	3 49	3 44	3 38	3 31	3 23	3 15	3 05	2 54	2 41	2 25	2 06

☐ indicates Moon continuously above horizon.
■ indicates Moon continuously below horizon.
.. .. indicates phenomenon will occur the next day.

MOONRISE AND MOONSET, 2022

UNIVERSAL TIME FOR MERIDIAN OF GREENWICH

MOONRISE

Lat.	−55°	−50°	−45°	−40°	−35°	−30°	−20°	−10°	0°	+10°	+20°	+30°	+35°	+40°
	h m	h m	h m	h m	h m	h m	h m	h m	h m	h m	h m	h m	h m	h m
Sept. 8	14 34	14 56	15 13	15 27	15 39	15 49	16 07	16 22	16 37	16 51	17 06	17 23	17 33	17 45
9	16 09	16 23	16 35	16 44	16 52	16 59	17 11	17 21	17 31	17 40	17 51	18 02	18 09	18 16
10	17 41	17 48	17 53	17 58	18 02	18 05	18 11	18 16	18 21	18 26	18 31	18 37	18 40	18 44
11	19 09	19 09	19 09	19 09	19 09	19 09	19 09	19 09	19 09	19 09	19 09	19 09	19 09	19 09
12	20 35	20 28	20 22	20 18	20 14	20 11	20 05	20 00	19 55	19 50	19 45	19 40	19 37	19 33
13	21 59	21 45	21 34	21 25	21 18	21 11	21 00	20 50	20 41	20 32	20 22	20 11	20 05	19 58
14	23 21	23 01	22 45	22 32	22 21	22 11	21 55	21 41	21 28	21 14	21 00	20 45	20 35	20 25
15	.. ..	.. ..	23 54	23 37	23 23	23 11	22 50	22 32	22 15	21 59	21 41	21 21	21 09	20 55
16	0 43	0 15	.. ..	.. ..	.. ..	.. ..	23 45	23 24	23 04	22 45	22 24	22 01	21 47	21 31
17	2 00	1 26	1 00	0 40	0 24	0 09	.. ..	.. ..	23 55	23 34	23 11	22 45	22 30	22 12
18	3 08	2 29	2 01	1 39	1 21	1 05	0 39	0 16	.. ..	.. ..	.. ..	23 34	23 18	23 00
19	4 03	3 24	2 55	2 33	2 14	1 58	1 31	1 08	0 46	0 24	0 01	.. ..	.. ..	23 54
20	4 43	4 07	3 40	3 19	3 01	2 46	2 20	1 58	1 37	1 16	0 53	0 27	0 12	.. ..
21	5 11	4 40	4 17	3 58	3 43	3 29	3 06	2 45	2 26	2 07	1 47	1 23	1 09	0 53
22	5 30	5 06	4 47	4 32	4 19	4 07	3 48	3 30	3 14	2 58	2 41	2 21	2 09	1 55
23	5 44	5 26	5 12	5 00	4 50	4 42	4 26	4 13	4 00	3 48	3 34	3 19	3 09	2 59
24	5 55	5 43	5 34	5 26	5 19	5 13	5 03	4 54	4 45	4 36	4 27	4 16	4 10	4 03
25	6 04	5 58	5 53	5 49	5 46	5 43	5 38	5 33	5 28	5 24	5 19	5 14	5 11	5 07
26	6 12	6 12	6 12	6 12	6 12	6 12	6 12	6 12	6 12	6 12	6 12	6 12	6 12	6 12
27	6 21	6 26	6 31	6 35	6 39	6 42	6 47	6 52	6 57	7 01	7 06	7 12	7 15	7 19
28	6 30	6 42	6 52	7 00	7 07	7 14	7 25	7 34	7 43	7 53	8 02	8 14	8 20	8 28
29	6 43	7 02	7 17	7 29	7 40	7 49	8 05	8 20	8 33	8 47	9 01	9 18	9 28	9 39
30	7 01	7 27	7 47	8 04	8 18	8 30	8 51	9 10	9 27	9 44	10 03	10 25	10 38	10 53
Oct. 1	7 28	8 01	8 26	8 47	9 03	9 18	9 43	10 05	10 25	10 45	11 07	11 33	11 48	12 05
2	8 10	8 49	9 17	9 40	9 58	10 14	10 41	11 04	11 26	11 48	12 11	12 39	12 55	13 14

MOONSET

Lat.	−55°	−50°	−45°	−40°	−35°	−30°	−20°	−10°	0°	+10°	+20°	+30°	+35°	+40°
	h m	h m	h m	h m	h m	h m	h m	h m	h m	h m	h m	h m	h m	h m
Sept. 8	6 22	5 58	5 40	5 24	5 11	5 00	4 40	4 23	4 07	3 50	3 33	3 12	3 00	2 46
9	6 40	6 23	6 10	5 59	5 50	5 42	5 27	5 15	5 03	4 51	4 38	4 23	4 14	4 04
10	6 52	6 43	6 35	6 29	6 23	6 18	6 10	6 02	5 55	5 48	5 40	5 31	5 25	5 19
11	7 03	7 00	6 57	6 55	6 53	6 52	6 49	6 46	6 44	6 41	6 39	6 36	6 34	6 32
12	7 12	7 15	7 17	7 20	7 21	7 23	7 26	7 29	7 31	7 33	7 36	7 39	7 40	7 42
13	7 21	7 30	7 38	7 44	7 49	7 54	8 03	8 10	8 17	8 24	8 31	8 40	8 45	8 50
14	7 32	7 47	8 00	8 10	8 19	8 27	8 40	8 52	9 03	9 14	9 26	9 40	9 48	9 58
15	7 45	8 07	8 24	8 38	8 50	9 01	9 19	9 35	9 50	10 05	10 21	10 40	10 51	11 04
16	8 03	8 31	8 53	9 11	9 26	9 39	10 01	10 21	10 39	10 57	11 17	11 39	11 53	12 08
17	8 28	9 03	9 28	9 49	10 06	10 21	10 46	11 08	11 29	11 49	12 11	12 37	12 52	13 09
18	9 04	9 43	10 11	10 34	10 52	11 08	11 35	11 58	12 20	12 41	13 04	13 31	13 47	14 05
19	9 55	10 34	11 03	11 25	11 44	11 59	12 26	12 49	13 11	13 32	13 55	14 22	14 37	14 55
20	10 59	11 35	12 01	12 22	12 39	12 54	13 19	13 41	14 01	14 21	14 42	15 07	15 22	15 38
21	12 13	12 43	13 05	13 23	13 38	13 51	14 13	14 32	14 50	15 07	15 26	15 48	16 00	16 15
22	13 31	13 54	14 12	14 26	14 38	14 49	15 07	15 22	15 37	15 51	16 06	16 24	16 34	16 45
23	14 51	15 07	15 19	15 30	15 39	15 46	16 00	16 11	16 22	16 33	16 44	16 57	17 04	17 12
24	16 11	16 20	16 28	16 34	16 39	16 44	16 52	16 59	17 06	17 12	17 19	17 27	17 32	17 37
25	17 31	17 34	17 36	17 39	17 40	17 42	17 45	17 47	17 49	17 51	17 54	17 56	17 58	17 59
26	18 52	18 49	18 46	18 44	18 42	18 41	18 38	18 35	18 33	18 31	18 28	18 26	18 24	18 22
27	20 16	20 06	19 58	19 52	19 46	19 41	19 33	19 25	19 19	19 12	19 04	18 56	18 51	18 46
28	21 43	21 26	21 13	21 02	20 52	20 44	20 30	20 18	20 07	19 55	19 43	19 30	19 22	19 13
29	23 13	22 49	22 29	22 14	22 01	21 50	21 31	21 14	20 58	20 43	20 26	20 07	19 57	19 44
30	.. ..	.. ..	23 47	23 27	23 11	22 57	22 34	22 13	21 54	21 35	21 15	20 52	20 38	20 22
Oct. 1	0 44	0 11	.. ..	.. ..	.. ..	.. ..	23 38	23 15	22 54	22 33	22 10	21 43	21 28	21 10
2	2 07	1 28	1 00	0 38	0 20	0 04	.. ..	.. ..	23 56	23 34	23 10	22 43	22 27	22 08

.. .. indicates phenomenon will occur the next day.

UNIVERSAL TIME FOR MERIDIAN OF GREENWICH
MOONRISE

Lat.	+40°	+42°	+44°	+46°	+48°	+50°	+52°	+54°	+56°	+58°	+60°	+62°	+64°	+66°
	h m	h m	h m	h m	h m	h m	h m	h m	h m	h m	h m	h m	h m	h m
Sept. 8	17 45	17 50	17 55	18 01	18 07	18 14	18 22	18 30	18 39	18 50	19 02	19 16	19 33	19 54
9	18 16	18 20	18 23	18 27	18 31	18 36	18 41	18 46	18 52	18 58	19 06	19 14	19 24	19 35
10	18 44	18 46	18 47	18 49	18 51	18 53	18 56	18 58	19 01	19 04	19 08	19 12	19 16	19 22
11	19 09	19 09	19 09	19 09	19 09	19 09	19 09	19 09	19 09	19 09	19 09	19 09	19 10	19 10
12	19 33	19 32	19 30	19 28	19 26	19 24	19 22	19 20	19 17	19 14	19 11	19 07	19 03	18 58
13	19 58	19 55	19 52	19 48	19 44	19 40	19 36	19 31	19 25	19 19	19 12	19 05	18 56	18 45
14	20 25	20 20	20 15	20 10	20 04	19 58	19 51	19 44	19 35	19 26	19 15	19 03	18 48	18 30
15	20 55	20 49	20 43	20 36	20 28	20 20	20 11	20 00	19 49	19 36	19 20	19 01	18 38	18 08
16	21 31	21 23	21 16	21 07	20 58	20 48	20 36	20 23	20 08	19 51	19 29	19 02	18 23	□
17	22 12	22 04	21 55	21 46	21 35	21 23	21 10	20 55	20 37	20 16	19 48	19 08	□	□
18	23 00	22 51	22 42	22 32	22 21	22 09	21 55	21 39	21 20	20 56	20 25	19 34	□	□
19	23 54	23 46	23 37	23 28	23 17	23 05	22 52	22 36	22 18	21 56	21 27	20 43	□	□
20	.. ..	.. ..	.. ..	.. ..	.. ..	.. ..	23 58	23 45	23 29	23 11	22 48	22 17	21 30	□
21	0 53	0 46	0 38	0 30	0 20	0 10	.. ..	.. ..	.. ..	.. ..	.. ..	23 56	23 30	22 53
22	1 55	1 49	1 43	1 36	1 28	1 19	1 10	0 59	0 47	0 33	0 16	.. ..	.. ..	.. ..
23	2 59	2 54	2 49	2 44	2 38	2 32	2 25	2 17	2 08	1 58	1 47	1 33	1 17	0 57
24	4 03	4 00	3 57	3 53	3 49	3 45	3 40	3 35	3 29	3 23	3 16	3 08	2 58	2 46
25	5 07	5 06	5 04	5 02	5 00	4 58	4 56	4 54	4 51	4 48	4 44	4 40	4 36	4 31
26	6 12	6 13	6 13	6 13	6 13	6 13	6 13	6 13	6 13	6 13	6 13	6 13	6 13	6 14
27	7 19	7 21	7 23	7 24	7 27	7 29	7 31	7 34	7 37	7 40	7 44	7 48	7 53	7 59
28	8 28	8 31	8 35	8 39	8 43	8 48	8 53	8 58	9 04	9 11	9 19	9 28	9 39	9 52
29	9 39	9 44	9 50	9 56	10 02	10 09	10 17	10 26	10 35	10 47	10 59	11 15	11 34	11 58
30	10 53	10 59	11 07	11 14	11 23	11 32	11 43	11 55	12 09	12 25	12 45	13 10	13 44	14 45
Oct. 1	12 05	12 13	12 22	12 31	12 42	12 53	13 07	13 22	13 40	14 01	14 29	15 10	■	■
2	13 14	13 22	13 32	13 42	13 53	14 06	14 20	14 37	14 57	15 21	15 55	16 55	■	■

MOONSET

Lat.	+40°	+42°	+44°	+46°	+48°	+50°	+52°	+54°	+56°	+58°	+60°	+62°	+64°	+66°
	h m	h m	h m	h m	h m	h m	h m	h m	h m	h m	h m	h m	h m	h m
Sept. 8	2 46	2 40	2 33	2 26	2 18	2 09	1 59	1 48	1 36	1 21	1 03	0 42	0 14	.. ..
9	4 04	3 59	3 55	3 49	3 44	3 38	3 31	3 23	3 15	3 05	2 54	2 41	2 25	2 06
10	5 19	5 17	5 14	5 11	5 08	5 04	5 00	4 56	4 51	4 45	4 39	4 32	4 24	4 14
11	6 32	6 31	6 30	6 29	6 28	6 27	6 26	6 24	6 23	6 21	6 19	6 17	6 14	6 11
12	7 42	7 43	7 44	7 45	7 46	7 47	7 48	7 49	7 51	7 52	7 54	7 56	7 59	8 01
13	8 50	8 53	8 56	8 58	9 02	9 05	9 09	9 13	9 17	9 22	9 28	9 34	9 42	9 51
14	9 58	10 02	10 06	10 11	10 16	10 21	10 28	10 34	10 42	10 51	11 01	11 12	11 26	11 42
15	11 04	11 09	11 15	11 22	11 29	11 37	11 45	11 55	12 06	12 19	12 34	12 52	13 14	13 44
16	12 08	12 15	12 22	12 30	12 39	12 49	13 00	13 13	13 27	13 45	14 05	14 32	15 10	□
17	13 09	13 17	13 26	13 35	13 45	13 57	14 10	14 25	14 42	15 04	15 31	16 11	□	□
18	14 05	14 14	14 23	14 33	14 44	14 56	15 10	15 26	15 45	16 09	16 40	17 31	□	□
19	14 55	15 04	15 12	15 22	15 33	15 45	15 58	16 14	16 33	16 55	17 24	18 08	□	□
20	15 38	15 46	15 54	16 03	16 12	16 23	16 35	16 49	17 05	17 24	17 47	18 18	19 05	□
21	16 15	16 21	16 28	16 35	16 44	16 52	17 02	17 14	17 26	17 41	17 58	18 19	18 46	19 24
22	16 45	16 51	16 56	17 02	17 08	17 15	17 23	17 31	17 41	17 52	18 04	18 18	18 36	18 57
23	17 12	17 16	17 20	17 24	17 29	17 34	17 39	17 45	17 51	17 59	18 07	18 16	18 27	18 40
24	17 37	17 39	17 41	17 44	17 46	17 49	17 52	17 56	18 00	18 04	18 09	18 14	18 20	18 27
25	17 59	18 00	18 01	18 02	18 03	18 04	18 05	18 06	18 07	18 08	18 10	18 11	18 13	18 16
26	18 22	18 21	18 20	18 20	18 19	18 18	18 16	18 15	18 14	18 12	18 11	18 09	18 06	18 04
27	18 46	18 44	18 41	18 39	18 36	18 32	18 29	18 25	18 21	18 17	18 12	18 06	17 59	17 52
28	19 13	19 09	19 05	19 00	18 55	18 50	18 44	18 38	18 31	18 23	18 14	18 03	17 51	17 37
29	19 44	19 38	19 33	19 26	19 19	19 11	19 03	18 54	18 43	18 31	18 17	18 01	17 41	17 16
30	20 22	20 15	20 08	19 59	19 50	19 40	19 29	19 17	19 02	18 46	18 25	18 00	17 25	16 22
Oct. 1	21 10	21 02	20 53	20 43	20 32	20 21	20 07	19 52	19 34	19 12	18 43	18 02	■	■
2	22 08	21 59	21 50	21 40	21 28	21 16	21 01	20 45	20 25	20 00	19 26	18 27	■	■

□ indicates Moon continuously above horizon.
■ indicates Moon continuously below horizon.
.. .. indicates phenomenon will occur the next day.

MOONRISE AND MOONSET, 2022

UNIVERSAL TIME FOR MERIDIAN OF GREENWICH

MOONRISE

Lat.	−55°	−50°	−45°	−40°	−35°	−30°	−20°	−10°	0°	+10°	+20°	+30°	+35°	+40°
	h m	h m	h m	h m	h m	h m	h m	h m	h m	h m	h m	h m	h m	h m
Oct. 1	7 28	8 01	8 26	8 47	9 03	9 18	9 43	10 05	10 25	10 45	11 07	11 33	11 48	12 05
2	8 10	8 49	9 17	9 40	9 58	10 14	10 41	11 04	11 26	11 48	12 11	12 39	12 55	13 14
3	9 13	9 52	10 21	10 43	11 01	11 17	11 44	12 07	12 28	12 50	13 13	13 40	13 55	14 14
4	10 36	11 09	11 34	11 54	12 11	12 25	12 49	13 10	13 29	13 49	14 09	14 33	14 47	15 03
5	12 08	12 34	12 53	13 09	13 23	13 34	13 54	14 11	14 27	14 43	15 00	15 19	15 31	15 43
6	13 42	13 59	14 13	14 24	14 34	14 42	14 57	15 09	15 21	15 33	15 45	15 59	16 07	16 16
7	15 13	15 23	15 31	15 38	15 43	15 48	15 57	16 04	16 11	16 18	16 26	16 34	16 39	16 45
8	16 41	16 44	16 47	16 49	16 50	16 52	16 55	16 57	16 59	17 01	17 04	17 06	17 08	17 10
9	18 07	18 03	18 00	17 58	17 56	17 54	17 51	17 48	17 46	17 43	17 40	17 37	17 36	17 34
10	19 32	19 21	19 13	19 06	19 00	18 55	18 46	18 39	18 31	18 24	18 17	18 08	18 03	17 58
11	20 56	20 39	20 25	20 14	20 04	19 56	19 42	19 29	19 18	19 06	18 54	18 41	18 33	18 24
12	22 20	21 55	21 36	21 21	21 08	20 57	20 38	20 21	20 06	19 50	19 34	19 16	19 05	18 53
13	23 41	23 09	22 45	22 26	22 10	21 57	21 33	21 13	20 55	20 36	20 17	19 54	19 41	19 26
14	.. ..	.. ..	23 49	23 28	23 10	22 55	22 29	22 06	21 46	21 25	21 03	20 37	20 22	20 05
15	0 55	0 17	.. ..	.. ..	.. ..	23 49	23 22	22 59	22 37	22 15	21 52	21 25	21 09	20 51
16	1 56	1 16	0 47	0 24	0 06	.. ..	.. ..	23 50	23 28	23 07	22 44	22 17	22 01	21 43
17	2 42	2 04	1 36	1 14	0 55	0 40	0 13	.. ..	.. ..	23 58	23 37	23 12	22 57	22 40
18	3 15	2 41	2 16	1 56	1 39	1 25	1 00	0 38	0 18	.. ..	.. ..	.. ..	23 56	23 41
19	3 36	3 09	2 48	2 31	2 17	2 04	1 43	1 24	1 07	0 49	0 30	0 09	.. ..	.. ..
20	3 52	3 31	3 15	3 01	2 50	2 40	2 23	2 08	1 53	1 39	1 24	1 06	0 56	0 44
21	4 03	3 49	3 37	3 28	3 19	3 12	3 00	2 48	2 38	2 28	2 16	2 03	1 56	1 47
22	4 13	4 04	3 57	3 52	3 47	3 42	3 35	3 28	3 22	3 15	3 09	3 01	2 56	2 51
23	4 21	4 18	4 16	4 14	4 13	4 12	4 09	4 07	4 05	4 03	4 01	3 59	3 58	3 56
24	4 29	4 32	4 35	4 37	4 39	4 41	4 44	4 47	4 50	4 52	4 55	4 58	5 00	5 03
25	4 38	4 48	4 55	5 02	5 07	5 12	5 21	5 29	5 36	5 43	5 51	6 00	6 06	6 12

MOONSET

Lat.	−55°	−50°	−45°	−40°	−35°	−30°	−20°	−10°	0°	+10°	+20°	+30°	+35°	+40°
	h m	h m	h m	h m	h m	h m	h m	h m	h m	h m	h m	h m	h m	h m
Oct. 1	0 44	0 11	.. ..	.. ..	.. ..	.. ..	23 38	23 15	22 54	22 33	22 10	21 43	21 28	21 10
2	2 07	1 28	1 00	0 38	0 20	0 04	.. ..	.. ..	23 56	23 34	23 10	22 43	22 27	22 08
3	3 13	2 34	2 05	1 43	1 24	1 08	0 41	0 18	.. ..	.. ..	.. ..	23 49	23 34	23 16
4	3 58	3 24	2 58	2 38	2 20	2 06	1 40	1 18	0 58	0 37	0 15	.. ..	.. ..	.. ..
5	4 28	4 00	3 39	3 22	3 08	2 55	2 34	2 15	1 57	1 39	1 20	0 58	0 45	0 30
6	4 47	4 27	4 12	3 59	3 48	3 38	3 22	3 07	2 53	2 39	2 24	2 07	1 57	1 45
7	5 00	4 48	4 38	4 29	4 22	4 16	4 05	3 55	3 45	3 36	3 26	3 14	3 07	3 00
8	5 10	5 05	5 00	4 56	4 52	4 49	4 44	4 39	4 34	4 30	4 25	4 19	4 16	4 12
9	5 19	5 20	5 20	5 20	5 20	5 21	5 21	5 21	5 21	5 22	5 22	5 22	5 22	5 22
10	5 28	5 35	5 40	5 44	5 48	5 51	5 57	6 02	6 07	6 12	6 17	6 23	6 27	6 31
11	5 38	5 51	6 01	6 09	6 17	6 23	6 34	6 44	6 53	7 03	7 13	7 24	7 31	7 39
12	5 49	6 09	6 24	6 36	6 47	6 57	7 13	7 27	7 41	7 54	8 09	8 25	8 35	8 46
13	6 05	6 31	6 51	7 07	7 21	7 33	7 54	8 12	8 29	8 46	9 04	9 26	9 38	9 52
14	6 26	6 59	7 24	7 43	8 00	8 14	8 38	9 00	9 19	9 39	10 00	10 25	10 39	10 56
15	6 58	7 36	8 04	8 26	8 44	9 00	9 26	9 49	10 10	10 32	10 55	11 21	11 37	11 56
16	7 43	8 23	8 52	9 15	9 33	9 50	10 17	10 40	11 02	11 24	11 47	12 14	12 30	12 49
17	8 42	9 20	9 48	10 10	10 28	10 43	11 09	11 32	11 53	12 14	12 36	13 02	13 17	13 34
18	9 53	10 25	10 50	11 09	11 25	11 39	12 03	12 23	12 42	13 01	13 21	13 44	13 58	14 13
19	11 09	11 35	11 55	12 11	12 25	12 36	12 56	13 13	13 29	13 45	14 02	14 22	14 33	14 46
20	12 28	12 47	13 02	13 14	13 25	13 34	13 49	14 02	14 15	14 27	14 40	14 55	15 04	15 14
21	13 48	14 00	14 10	14 18	14 25	14 31	14 41	14 51	14 59	15 07	15 16	15 26	15 32	15 39
22	15 07	15 13	15 18	15 22	15 26	15 29	15 34	15 38	15 42	15 47	15 51	15 56	15 59	16 02
23	16 29	16 28	16 28	16 28	16 27	16 27	16 27	16 27	16 26	16 26	16 25	16 25	16 25	16 24
24	17 52	17 45	17 40	17 35	17 31	17 28	17 22	17 16	17 11	17 06	17 01	16 55	16 52	16 48
25	19 20	19 06	18 55	18 46	18 38	18 31	18 19	18 09	17 59	17 50	17 39	17 28	17 21	17 14

.. .. indicates phenomenon will occur the next day.

UNIVERSAL TIME FOR MERIDIAN OF GREENWICH
MOONRISE

Lat.	+40°	+42°	+44°	+46°	+48°	+50°	+52°	+54°	+56°	+58°	+60°	+62°	+64°	+66°
	h m	h m	h m	h m	h m	h m	h m	h m	h m	h m	h m	h m	h m	h m
Oct. 1	12 05	12 13	12 22	12 31	12 42	12 53	13 07	13 22	13 40	14 01	14 29	15 10	■	■
2	13 14	13 22	13 32	13 42	13 53	14 06	14 20	14 37	14 57	15 21	15 55	16 55	■	■
3	14 14	14 22	14 31	14 41	14 51	15 04	15 17	15 33	15 51	16 14	16 43	17 28	■	■
4	15 03	15 10	15 18	15 27	15 36	15 46	15 58	16 11	16 25	16 43	17 04	17 31	18 09	■
5	15 43	15 49	15 55	16 02	16 09	16 17	16 26	16 35	16 46	16 59	17 13	17 30	17 51	18 18
6	16 16	16 21	16 25	16 30	16 35	16 40	16 46	16 53	17 00	17 08	17 17	17 28	17 41	17 55
7	16 45	16 47	16 50	16 52	16 55	16 58	17 02	17 06	17 10	17 14	17 20	17 25	17 32	17 40
8	17 10	17 11	17 11	17 12	17 13	17 14	17 15	17 16	17 18	17 19	17 21	17 23	17 25	17 27
9	17 34	17 33	17 32	17 31	17 30	17 29	17 28	17 26	17 25	17 23	17 22	17 20	17 18	17 15
10	17 58	17 56	17 53	17 50	17 47	17 44	17 41	17 37	17 33	17 28	17 23	17 17	17 10	17 03
11	18 24	18 20	18 16	18 11	18 06	18 01	17 55	17 49	17 42	17 34	17 25	17 14	17 03	16 48
12	18 53	18 47	18 41	18 35	18 28	18 21	18 13	18 03	17 53	17 42	17 28	17 12	16 53	16 29
13	19 26	19 19	19 12	19 04	18 55	18 46	18 35	18 23	18 10	17 54	17 35	17 11	16 40	15 52
14	20 05	19 57	19 49	19 39	19 29	19 18	19 05	18 51	18 34	18 14	17 48	17 13	16 07	□
15	20 51	20 42	20 33	20 23	20 12	20 00	19 46	19 30	19 11	18 47	18 16	17 25	□	□
16	21 43	21 34	21 25	21 15	21 04	20 52	20 38	20 22	20 03	19 39	19 08	18 16	□	□
17	22 40	22 32	22 24	22 15	22 05	21 54	21 41	21 26	21 09	20 49	20 23	19 46	18 19	□
18	23 41	23 34	23 27	23 19	23 11	23 01	22 51	22 39	22 25	22 09	21 50	21 25	20 52	19 53
19	.. ..	.. ..	.. ..	.. ..	.. ..	.. ..	.. ..	23 55	23 45	23 33	23 20	23 03	22 43	22 17
20	0 44	0 38	0 33	0 27	0 20	0 13	0 04	.. ..	.. ..	.. ..	.. ..	.. ..	.. ..	.. ..
21	1 47	1 43	1 39	1 35	1 30	1 25	1 19	1 13	1 06	0 58	0 49	0 38	0 26	0 11
22	2 51	2 49	2 47	2 44	2 41	2 38	2 35	2 31	2 27	2 23	2 17	2 12	2 05	1 57
23	3 56	3 55	3 55	3 54	3 53	3 52	3 51	3 50	3 49	3 48	3 46	3 44	3 43	3 40
24	5 03	5 03	5 05	5 06	5 07	5 08	5 10	5 11	5 13	5 15	5 17	5 19	5 22	5 26
25	6 12	6 14	6 17	6 20	6 23	6 27	6 31	6 35	6 40	6 46	6 52	6 59	7 07	7 17

MOONSET

Lat.	+40°	+42°	+44°	+46°	+48°	+50°	+52°	+54°	+56°	+58°	+60°	+62°	+64°	+66°
	h m	h m	h m	h m	h m	h m	h m	h m	h m	h m	h m	h m	h m	h m
Oct. 1	21 10	21 02	20 53	20 43	20 32	20 21	20 07	19 52	19 34	19 12	18 43	18 02	■	■
2	22 08	21 59	21 50	21 40	21 28	21 16	21 01	20 45	20 25	20 00	19 26	18 27	■	■
3	23 16	23 08	22 59	22 49	22 39	22 27	22 13	21 58	21 40	21 17	20 48	20 04	■	■
4	.. ..	.. ..	.. ..	.. ..	23 58	23 49	23 38	23 25	23 11	22 54	22 33	22 07	21 30	■
5	0 30	0 23	0 15	0 07	.. ..	.. ..	.. ..	.. ..	.. ..	.. ..	.. ..	.. ..	23 46	23 20
6	1 45	1 40	1 34	1 28	1 22	1 14	1 06	0 57	0 47	0 36	0 22	0 06	.. ..	.. ..
7	3 00	2 56	2 53	2 49	2 44	2 40	2 34	2 29	2 22	2 15	2 07	1 58	1 46	1 33
8	4 12	4 10	4 08	4 06	4 04	4 02	4 00	3 57	3 54	3 51	3 47	3 42	3 37	3 32
9	5 22	5 22	5 22	5 22	5 22	5 22	5 22	5 22	5 22	5 23	5 23	5 23	5 23	5 23
10	6 31	6 32	6 34	6 36	6 38	6 41	6 43	6 46	6 49	6 53	6 56	7 01	7 06	7 12
11	7 39	7 42	7 46	7 50	7 54	7 58	8 03	8 09	8 15	8 22	8 30	8 39	8 50	9 03
12	8 46	8 51	8 56	9 02	9 08	9 15	9 23	9 31	9 41	9 52	10 04	10 19	10 37	11 00
13	9 52	9 59	10 06	10 13	10 22	10 31	10 41	10 52	11 05	11 21	11 39	12 02	12 32	13 20
14	10 56	11 04	11 12	11 21	11 31	11 42	11 54	12 09	12 25	12 45	13 10	13 45	14 50	□
15	11 56	12 04	12 13	12 23	12 34	12 46	13 00	13 16	13 35	13 58	14 29	15 20	□	□
16	12 49	12 57	13 06	13 16	13 27	13 40	13 54	14 10	14 29	14 53	15 25	16 16	□	□
17	13 34	13 42	13 51	14 00	14 11	14 22	14 35	14 50	15 07	15 28	15 54	16 31	17 59	□
18	14 13	14 20	14 28	14 36	14 45	14 55	15 05	15 18	15 32	15 49	16 08	16 33	17 07	18 07
19	14 46	14 52	14 58	15 04	15 11	15 19	15 28	15 38	15 49	16 01	16 15	16 33	16 54	17 21
20	15 14	15 18	15 23	15 28	15 33	15 39	15 45	15 52	16 00	16 09	16 19	16 31	16 44	17 00
21	15 39	15 42	15 45	15 48	15 51	15 55	15 59	16 04	16 09	16 15	16 21	16 28	16 36	16 46
22	16 02	16 03	16 05	16 06	16 08	16 10	16 12	16 14	16 16	16 19	16 22	16 25	16 29	16 33
23	16 24	16 24	16 24	16 24	16 24	16 24	16 23	16 23	16 23	16 23	16 22	16 22	16 22	16 21
24	16 48	16 46	16 44	16 42	16 40	16 38	16 36	16 33	16 30	16 27	16 23	16 19	16 15	16 09
25	17 14	17 10	17 07	17 03	16 59	16 54	16 50	16 44	16 38	16 32	16 25	16 16	16 07	15 55

□ indicates Moon continuously above horizon.
■ indicates Moon continuously below horizon.
.. .. indicates phenomenon will occur the next day.

MOONRISE AND MOONSET, 2022

UNIVERSAL TIME FOR MERIDIAN OF GREENWICH

MOONRISE

Lat.	−55°	−50°	−45°	−40°	−35°	−30°	−20°	−10°	0°	+10°	+20°	+30°	+35°	+40°
	h m	h m	h m	h m	h m	h m	h m	h m	h m	h m	h m	h m	h m	h m
Oct. 24	4 29	4 32	4 35	4 37	4 39	4 41	4 44	4 47	4 50	4 52	4 55	4 58	5 00	5 03
25	4 38	4 48	4 55	5 02	5 07	5 12	5 21	5 29	5 36	5 43	5 51	6 00	6 06	6 12
26	4 50	5 06	5 19	5 30	5 39	5 47	6 01	6 14	6 26	6 38	6 50	7 05	7 14	7 24
27	5 05	5 29	5 47	6 03	6 15	6 27	6 46	7 03	7 19	7 35	7 53	8 13	8 25	8 39
28	5 29	6 00	6 24	6 43	6 59	7 13	7 37	7 58	8 17	8 37	8 58	9 23	9 37	9 54
29	6 06	6 44	7 12	7 34	7 52	8 08	8 34	8 58	9 19	9 41	10 04	10 31	10 47	11 06
30	7 04	7 43	8 12	8 35	8 54	9 10	9 37	10 00	10 22	10 44	11 08	11 35	11 51	12 10
31	8 22	8 57	9 24	9 45	10 02	10 17	10 42	11 04	11 24	11 44	12 06	12 31	12 46	13 03
Nov. 1	9 52	10 20	10 41	10 59	11 13	11 26	11 47	12 05	12 23	12 40	12 58	13 19	13 31	13 45
2	11 24	11 44	12 00	12 13	12 24	12 33	12 50	13 04	13 17	13 30	13 44	14 00	14 09	14 19
3	12 55	13 07	13 17	13 25	13 32	13 39	13 49	13 58	14 07	14 16	14 25	14 35	14 41	14 48
4	14 22	14 27	14 32	14 35	14 39	14 41	14 46	14 50	14 54	14 58	15 03	15 07	15 10	15 13
5	15 46	15 45	15 44	15 43	15 43	15 42	15 41	15 41	15 40	15 39	15 39	15 38	15 37	15 37
6	17 09	17 02	16 56	16 51	16 46	16 42	16 36	16 30	16 25	16 20	16 14	16 08	16 04	16 00
7	18 33	18 18	18 07	17 58	17 50	17 43	17 31	17 20	17 10	17 01	16 50	16 39	16 32	16 25
8	19 56	19 35	19 18	19 04	18 53	18 43	18 26	18 11	17 57	17 43	17 29	17 12	17 03	16 52
9	21 19	20 50	20 28	20 11	19 56	19 43	19 22	19 03	18 46	18 29	18 10	17 49	17 37	17 23
10	22 37	22 01	21 35	21 15	20 57	20 43	20 18	19 56	19 36	19 16	18 55	18 31	18 16	18 00
11	23 45	23 05	22 36	22 14	21 55	21 39	21 12	20 49	20 28	20 06	19 43	19 17	19 01	18 43
12	.. ..	23 58	23 29	23 07	22 48	22 32	22 05	21 41	21 20	20 58	20 34	20 07	19 51	19 33
13	0 38	.. ..	.. ..	23 52	23 34	23 19	22 53	22 31	22 10	21 50	21 27	21 01	20 46	20 28
14	1 15	0 39	0 13	.. ..	.. ..	.. ..	23 38	23 18	22 59	22 41	22 21	21 57	21 44	21 28
15	1 41	1 11	0 48	0 30	0 14	0 01	.. ..	.. ..	23 46	23 30	23 14	22 54	22 43	22 29
16	1 58	1 35	1 17	1 02	0 49	0 38	0 19	0 02	.. ..	.. ..	.. ..	23 51	23 42	23 32
17	2 11	1 54	1 40	1 29	1 19	1 11	0 56	0 43	0 31	0 19	0 06	.. ..	.. ..	.. ..

MOONSET

Lat.	−55°	−50°	−45°	−40°	−35°	−30°	−20°	−10°	0°	+10°	+20°	+30°	+35°	+40°
	h m	h m	h m	h m	h m	h m	h m	h m	h m	h m	h m	h m	h m	h m
Oct. 24	17 52	17 45	17 40	17 35	17 31	17 28	17 22	17 16	17 11	17 06	17 01	16 55	16 52	16 48
25	19 20	19 06	18 55	18 46	18 38	18 31	18 19	18 09	17 59	17 50	17 39	17 28	17 21	17 14
26	20 52	20 30	20 13	19 59	19 47	19 37	19 20	19 05	18 51	18 37	18 22	18 05	17 55	17 44
27	22 26	21 55	21 33	21 15	20 59	20 46	20 24	20 04	19 46	19 29	19 09	18 47	18 35	18 20
28	23 55	23 17	22 50	22 29	22 11	21 56	21 30	21 07	20 46	20 26	20 03	19 38	19 23	19 05
29	.. ..	.. ..	.. ..	23 37	23 18	23 02	22 35	22 11	21 49	21 27	21 04	20 36	20 20	20 01
30	1 09	0 29	0 00	.. ..	.. ..	.. ..	23 36	23 13	22 52	22 31	22 08	21 41	21 25	21 07
31	2 01	1 24	0 57	0 36	0 18	0 02	.. ..	.. ..	23 53	23 34	23 13	22 50	22 36	22 19
Nov. 1	2 34	2 04	1 41	1 23	1 08	0 54	0 31	0 11	.. ..	.. ..	.. ..	23 58	23 47	23 34
2	2 55	2 33	2 16	2 01	1 49	1 39	1 20	1 04	0 49	0 34	0 17	.. ..	.. ..	.. ..
3	3 09	2 54	2 43	2 33	2 24	2 17	2 04	1 52	1 41	1 30	1 18	1 05	0 57	0 48
4	3 20	3 12	3 05	2 59	2 55	2 50	2 43	2 36	2 30	2 24	2 17	2 09	2 04	1 59
5	3 29	3 27	3 25	3 24	3 23	3 21	3 20	3 18	3 16	3 15	3 13	3 11	3 09	3 08
6	3 37	3 41	3 44	3 47	3 49	3 52	3 55	3 58	4 01	4 04	4 08	4 11	4 13	4 16
7	3 46	3 56	4 04	4 11	4 17	4 22	4 31	4 39	4 46	4 54	5 02	5 11	5 17	5 23
8	3 56	4 13	4 26	4 37	4 46	4 54	5 08	5 21	5 33	5 44	5 57	6 11	6 20	6 30
9	4 10	4 33	4 51	5 06	5 18	5 29	5 48	6 05	6 20	6 36	6 53	7 12	7 23	7 36
10	4 28	4 58	5 21	5 39	5 55	6 08	6 31	6 51	7 10	7 29	7 49	8 12	8 26	8 42
11	4 55	5 31	5 58	6 19	6 37	6 52	7 18	7 40	8 01	8 22	8 44	9 10	9 26	9 44
12	5 34	6 14	6 43	7 06	7 24	7 40	8 08	8 31	8 53	9 15	9 38	10 05	10 21	10 40
13	6 28	7 08	7 36	7 59	8 17	8 33	9 00	9 23	9 44	10 06	10 29	10 55	11 11	11 29
14	7 35	8 10	8 36	8 56	9 14	9 28	9 53	10 14	10 34	10 54	11 15	11 40	11 54	12 10
15	8 49	9 18	9 40	9 57	10 12	10 25	10 46	11 05	11 22	11 39	11 58	12 19	12 31	12 45
16	10 07	10 28	10 46	10 59	11 11	11 21	11 39	11 54	12 08	12 22	12 37	12 54	13 03	13 15
17	11 25	11 40	11 52	12 02	12 10	12 18	12 30	12 41	12 52	13 02	13 13	13 25	13 32	13 40

.. .. indicates phenomenon will occur the next day.

UNIVERSAL TIME FOR MERIDIAN OF GREENWICH
MOONRISE

Lat.	+40°	+42°	+44°	+46°	+48°	+50°	+52°	+54°	+56°	+58°	+60°	+62°	+64°	+66°
	h m	h m	h m	h m	h m	h m	h m	h m	h m	h m	h m	h m	h m	h m
Oct. 24	5 03	5 03	5 05	5 06	5 07	5 08	5 10	5 11	5 13	5 15	5 17	5 19	5 22	5 26
25	6 12	6 14	6 17	6 20	6 23	6 27	6 31	6 35	6 40	6 46	6 52	6 59	7 07	7 17
26	7 24	7 28	7 33	7 38	7 44	7 50	7 56	8 04	8 12	8 22	8 33	8 45	9 01	9 20
27	8 39	8 45	8 51	8 59	9 06	9 15	9 25	9 36	9 48	10 02	10 20	10 41	11 08	11 48
28	9 54	10 02	10 10	10 19	10 29	10 40	10 53	11 07	11 23	11 44	12 09	12 44	13 52	■
29	11 06	11 15	11 24	11 34	11 45	11 58	12 12	12 29	12 48	13 13	13 46	14 44	■	■
30	12 10	12 18	12 27	12 38	12 49	13 01	13 15	13 32	13 51	14 15	14 47	15 40	■	■
31	13 03	13 10	13 19	13 28	13 37	13 48	14 01	14 15	14 31	14 50	15 14	15 45	16 36	■
Nov. 1	13 45	13 51	13 58	14 05	14 13	14 22	14 31	14 42	14 54	15 08	15 25	15 44	16 09	16 43
2	14 19	14 24	14 29	14 34	14 40	14 46	14 53	15 01	15 09	15 19	15 30	15 42	15 57	16 15
3	14 48	14 51	14 54	14 58	15 01	15 05	15 10	15 14	15 20	15 25	15 32	15 39	15 48	15 58
4	15 13	15 15	15 16	15 18	15 19	15 21	15 23	15 25	15 28	15 30	15 33	15 36	15 40	15 44
5	15 37	15 37	15 36	15 36	15 36	15 36	15 35	15 35	15 35	15 34	15 34	15 33	15 33	15 32
6	16 00	15 58	15 57	15 55	15 52	15 50	15 48	15 45	15 42	15 38	15 35	15 30	15 26	15 20
7	16 25	16 21	16 18	16 14	16 10	16 06	16 01	15 56	15 50	15 43	15 36	15 28	15 18	15 07
8	16 52	16 47	16 42	16 36	16 30	16 24	16 17	16 09	16 00	15 50	15 39	15 25	15 10	14 50
9	17 23	17 17	17 10	17 03	16 55	16 46	16 37	16 26	16 14	16 00	15 43	15 24	14 59	14 25
10	18 00	17 52	17 44	17 35	17 26	17 15	17 03	16 50	16 34	16 16	15 53	15 24	14 39	□
11	18 43	18 35	18 26	18 16	18 05	17 53	17 39	17 24	17 05	16 43	16 14	15 29	□	□
12	19 33	19 24	19 15	19 05	18 54	18 41	18 27	18 11	17 51	17 27	16 55	15 59	□	□
13	20 28	20 20	20 11	20 02	19 51	19 39	19 26	19 11	18 53	18 30	18 02	17 19	□	□
14	21 28	21 21	21 13	21 04	20 55	20 45	20 34	20 20	20 05	19 47	19 25	18 56	18 13	□
15	22 29	22 24	22 17	22 10	22 03	21 54	21 45	21 35	21 23	21 10	20 54	20 34	20 10	19 36
16	23 32	23 27	23 22	23 17	23 12	23 06	22 59	22 51	22 43	22 33	22 22	22 09	21 54	21 35
17	.. ..	.. ..	.. ..	.. ..	.. ..	.. ..	.. ..	.. ..	.. ..	23 56	23 50	23 42	23 33	23 22

MOONSET

Lat.	+40°	+42°	+44°	+46°	+48°	+50°	+52°	+54°	+56°	+58°	+60°	+62°	+64°	+66°
	h m	h m	h m	h m	h m	h m	h m	h m	h m	h m	h m	h m	h m	h m
Oct. 24	16 48	16 46	16 44	16 42	16 40	16 38	16 36	16 33	16 30	16 27	16 23	16 19	16 15	16 09
25	17 14	17 10	17 07	17 03	16 59	16 54	16 50	16 44	16 38	16 32	16 25	16 16	16 07	15 55
26	17 44	17 39	17 33	17 28	17 21	17 15	17 07	16 59	16 50	16 39	16 27	16 14	15 57	15 37
27	18 20	18 13	18 06	17 59	17 50	17 41	17 31	17 19	17 06	16 51	16 33	16 11	15 43	15 02
28	19 05	18 57	18 49	18 39	18 29	18 18	18 05	17 50	17 33	17 13	16 47	16 11	15 02	■
29	20 01	19 52	19 43	19 33	19 21	19 09	18 54	18 38	18 18	17 53	17 20	16 21	■	■
30	21 07	20 58	20 49	20 39	20 28	20 16	20 02	19 46	19 27	19 03	18 31	17 38	■	■
31	22 19	22 12	22 04	21 56	21 46	21 35	21 24	21 10	20 54	20 36	20 12	19 41	18 52	■
Nov. 1	23 34	23 28	23 22	23 15	23 08	23 00	22 51	22 41	22 29	22 16	22 01	21 42	21 18	20 45
2	.. ..	.. ..	.. ..	.. ..	.. ..	.. ..	.. ..	.. ..	.. ..	23 55	23 45	23 34	23 20	23 04
3	0 48	0 44	0 39	0 35	0 30	0 24	0 18	0 11	0 04	.. ..	.. ..	.. ..	.. ..	.. ..
4	1 59	1 57	1 54	1 52	1 49	1 46	1 42	1 38	1 34	1 30	1 24	1 18	1 11	1 03
5	3 08	3 07	3 07	3 06	3 05	3 05	3 04	3 03	3 02	3 00	2 59	2 57	2 56	2 54
6	4 16	4 17	4 18	4 19	4 20	4 22	4 23	4 25	4 27	4 29	4 31	4 34	4 37	4 41
7	5 23	5 25	5 28	5 31	5 35	5 38	5 42	5 47	5 52	5 57	6 03	6 10	6 19	6 28
8	6 30	6 34	6 39	6 44	6 49	6 55	7 01	7 09	7 17	7 26	7 36	7 49	8 03	8 21
9	7 36	7 42	7 48	7 55	8 03	8 11	8 20	8 30	8 42	8 55	9 11	9 30	9 54	10 27
10	8 42	8 49	8 57	9 05	9 14	9 25	9 36	9 49	10 04	10 22	10 45	11 14	11 58	□
11	9 44	9 52	10 01	10 10	10 21	10 33	10 46	11 01	11 20	11 42	12 11	12 55	□	□
12	10 40	10 48	10 58	11 08	11 19	11 31	11 45	12 02	12 21	12 46	13 18	14 13	□	□
13	11 29	11 37	11 46	11 56	12 07	12 18	12 32	12 48	13 06	13 28	13 57	14 41	□	□
14	12 10	12 18	12 26	12 35	12 44	12 55	13 07	13 20	13 35	13 54	14 16	14 46	15 30	□
15	12 45	12 51	12 58	13 05	13 13	13 22	13 32	13 43	13 55	14 09	14 26	14 46	15 11	15 46
16	13 15	13 20	13 25	13 30	13 37	13 43	13 51	13 59	14 08	14 18	14 30	14 44	15 00	15 20
17	13 40	13 44	13 47	13 51	13 56	14 01	14 06	14 11	14 18	14 25	14 32	14 41	14 52	15 04

□ indicates Moon continuously above horizon.
■ indicates Moon continuously below horizon.
.. .. indicates phenomenon will occur the next day.

MOONRISE AND MOONSET, 2022
UNIVERSAL TIME FOR MERIDIAN OF GREENWICH
MOONRISE

Lat.	−55°	−50°	−45°	−40°	−35°	−30°	−20°	−10°	0°	+10°	+20°	+30°	+35°	+40°
	h m	h m	h m	h m	h m	h m	h m	h m	h m	h m	h m	h m	h m	h m
Nov. 16	1 58	1 35	1 17	1 02	0 49	0 38	0 19	0 02	.. ..	.. ..	.. ..	23 51	23 42	23 32
17	2 11	1 54	1 40	1 29	1 19	1 11	0 56	0 43	0 31	0 19	0 06	.. ..	.. ..	.. ..
18	2 21	2 10	2 01	1 53	1 47	1 41	1 31	1 22	1 14	1 06	0 57	0 47	0 41	0 34
19	2 29	2 24	2 19	2 16	2 13	2 10	2 05	2 01	1 57	1 53	1 48	1 44	1 41	1 38
20	2 37	2 37	2 38	2 38	2 38	2 39	2 39	2 40	2 40	2 40	2 41	2 41	2 42	2 42
21	2 46	2 52	2 57	3 01	3 05	3 09	3 15	3 20	3 25	3 30	3 35	3 42	3 45	3 49
22	2 56	3 08	3 19	3 27	3 35	3 42	3 53	4 03	4 13	4 23	4 33	4 45	4 52	5 00
23	3 09	3 29	3 45	3 58	4 09	4 19	4 36	4 51	5 05	5 19	5 35	5 52	6 03	6 15
24	3 29	3 57	4 18	4 36	4 50	5 03	5 25	5 45	6 03	6 21	6 40	7 03	7 17	7 32
25	4 01	4 36	5 02	5 23	5 41	5 56	6 22	6 44	7 05	7 26	7 48	8 15	8 30	8 49
26	4 51	5 31	6 00	6 22	6 41	6 57	7 24	7 48	8 10	8 32	8 56	9 23	9 39	9 58
27	6 04	6 42	7 10	7 31	7 49	8 05	8 31	8 54	9 15	9 36	9 58	10 24	10 40	10 57
28	7 34	8 05	8 28	8 47	9 02	9 16	9 38	9 58	10 16	10 35	10 54	11 17	11 30	11 45
29	9 09	9 31	9 49	10 03	10 15	10 25	10 43	10 59	11 13	11 28	11 43	12 00	12 10	12 22
30	10 41	10 56	11 07	11 17	11 25	11 32	11 44	11 55	12 05	12 15	12 26	12 38	12 45	12 52
Dec. 1	12 09	12 16	12 22	12 27	12 32	12 35	12 42	12 48	12 53	12 58	13 04	13 10	13 14	13 18
2	13 33	13 34	13 34	13 35	13 36	13 36	13 37	13 38	13 38	13 39	13 40	13 41	13 41	13 42
3	14 55	14 49	14 45	14 41	14 38	14 35	14 31	14 27	14 23	14 19	14 15	14 10	14 08	14 05
4	16 17	16 05	15 55	15 47	15 40	15 34	15 24	15 15	15 07	14 59	14 50	14 40	14 35	14 28
5	17 39	17 20	17 05	16 53	16 42	16 34	16 18	16 05	15 53	15 40	15 27	15 12	15 04	14 54
6	19 00	18 34	18 14	17 58	17 45	17 33	17 13	16 56	16 40	16 24	16 07	15 47	15 36	15 23
7	20 20	19 47	19 22	19 03	18 46	18 32	18 09	17 48	17 29	17 10	16 50	16 27	16 13	15 57
8	21 32	20 54	20 26	20 04	19 46	19 30	19 04	18 41	18 20	17 59	17 37	17 11	16 56	16 38
9	22 31	21 51	21 22	20 59	20 40	20 24	19 57	19 34	19 12	18 50	18 27	18 00	17 44	17 25
10	23 14	22 37	22 09	21 47	21 29	21 14	20 47	20 25	20 03	19 42	19 19	18 53	18 37	18 19

MOONSET

Lat.	−55°	−50°	−45°	−40°	−35°	−30°	−20°	−10°	0°	+10°	+20°	+30°	+35°	+40°
	h m	h m	h m	h m	h m	h m	h m	h m	h m	h m	h m	h m	h m	h m
Nov. 16	10 07	10 28	10 46	10 59	11 11	11 21	11 39	11 54	12 08	12 22	12 37	12 54	13 03	13 15
17	11 25	11 40	11 52	12 02	12 10	12 18	12 30	12 41	12 52	13 02	13 13	13 25	13 32	13 40
18	12 43	12 52	12 59	13 05	13 10	13 14	13 22	13 28	13 35	13 41	13 47	13 55	13 59	14 03
19	14 02	14 04	14 07	14 08	14 10	14 11	14 13	14 15	14 17	14 19	14 21	14 23	14 24	14 26
20	15 23	15 19	15 16	15 14	15 12	15 10	15 07	15 04	15 01	14 58	14 55	14 52	14 50	14 48
21	16 48	16 38	16 30	16 23	16 17	16 11	16 02	15 55	15 47	15 40	15 32	15 23	15 18	15 13
22	18 19	18 01	17 47	17 35	17 25	17 17	17 02	16 49	16 37	16 25	16 13	15 58	15 50	15 40
23	19 54	19 28	19 07	18 51	18 38	18 26	18 06	17 48	17 32	17 16	16 58	16 39	16 27	16 14
24	21 29	20 54	20 29	20 09	19 52	19 37	19 13	18 51	18 32	18 12	17 51	17 27	17 12	16 56
25	22 53	22 14	21 45	21 22	21 04	20 48	20 21	19 57	19 36	19 14	18 51	18 24	18 08	17 49
26	23 56	23 17	22 49	22 27	22 09	21 53	21 26	21 03	20 41	20 19	19 56	19 28	19 12	18 53
27	.. ..	.. ..	23 40	23 20	23 04	22 50	22 26	22 04	21 45	21 25	21 03	20 38	20 24	20 07
28	0 36	0 04	.. ..	.. ..	23 49	23 38	23 18	23 00	22 44	22 28	22 10	21 49	21 37	21 23
29	1 01	0 37	0 18	0 02	.. ..	.. ..	.. ..	23 51	23 38	23 26	23 13	22 58	22 49	22 38
30	1 17	1 01	0 47	0 36	0 27	0 18	0 03	.. ..	.. ..	.. ..	.. ..	.. ..	23 57	23 51
Dec. 1	1 29	1 19	1 11	1 04	0 58	0 53	0 44	0 36	0 28	0 21	0 12	0 03	.. ..	.. ..
2	1 38	1 35	1 32	1 29	1 27	1 25	1 21	1 18	1 15	1 12	1 08	1 05	1 02	1 00
3	1 47	1 49	1 51	1 52	1 53	1 54	1 56	1 58	2 00	2 01	2 03	2 05	2 06	2 07
4	1 55	2 03	2 10	2 15	2 20	2 24	2 31	2 38	2 44	2 50	2 56	3 04	3 08	3 13
5	2 05	2 19	2 30	2 40	2 48	2 55	3 07	3 18	3 29	3 39	3 50	4 03	4 10	4 19
6	2 17	2 37	2 54	3 07	3 18	3 28	3 46	4 01	4 15	4 29	4 45	5 02	5 12	5 24
7	2 33	3 00	3 21	3 38	3 53	4 05	4 27	4 46	5 03	5 21	5 40	6 02	6 15	6 30
8	2 56	3 30	3 55	4 16	4 32	4 47	5 12	5 33	5 54	6 14	6 35	7 01	7 15	7 33
9	3 30	4 09	4 37	4 59	5 18	5 34	6 01	6 24	6 45	7 07	7 30	7 57	8 13	8 31
10	4 19	4 59	5 28	5 50	6 09	6 25	6 52	7 15	7 37	7 59	8 22	8 49	9 05	9 23

.. .. indicates phenomenon will occur the next day.

UNIVERSAL TIME FOR MERIDIAN OF GREENWICH
MOONRISE

Lat.	+40°	+42°	+44°	+46°	+48°	+50°	+52°	+54°	+56°	+58°	+60°	+62°	+64°	+66°
	h m	h m	h m	h m	h m	h m	h m	h m	h m	h m	h m	h m	h m	h m
Nov. 16	23 32	23 27	23 22	23 17	23 12	23 06	22 59	22 51	22 43	22 33	22 22	22 09	21 54	21 35
17	.. ..	.. ..	.. ..	.. ..	.. ..	.. ..	.. ..	.. ..	.. ..	23 56	23 50	23 42	23 33	23 22
18	0 34	0 31	0 28	0 25	0 21	0 17	0 13	0 08	0 02	.. ..	.. ..	.. ..	.. ..	.. ..
19	1 38	1 36	1 35	1 33	1 31	1 29	1 27	1 25	1 22	1 20	1 16	1 13	1 09	1 04
20	2 42	2 42	2 43	2 43	2 43	2 43	2 43	2 44	2 44	2 44	2 45	2 45	2 46	2 46
21	3 49	3 51	3 53	3 55	3 57	4 00	4 03	4 06	4 09	4 13	4 17	4 21	4 27	4 33
22	5 00	5 04	5 07	5 12	5 16	5 21	5 26	5 32	5 39	5 46	5 55	6 04	6 16	6 30
23	6 15	6 20	6 26	6 32	6 39	6 46	6 54	7 04	7 14	7 26	7 40	7 57	8 17	8 44
24	7 32	7 39	7 47	7 55	8 04	8 14	8 25	8 38	8 53	9 11	9 32	10 00	10 40	■
25	8 49	8 57	9 06	9 16	9 26	9 38	9 52	10 08	10 27	10 50	11 21	12 08	■	■
26	9 58	10 07	10 16	10 27	10 38	10 51	11 05	11 22	11 42	12 07	12 41	13 41	■	■
27	10 57	11 05	11 14	11 24	11 34	11 46	11 59	12 14	12 31	12 52	13 19	13 57	■	■
28	11 45	11 51	11 59	12 06	12 15	12 24	12 35	12 47	13 00	13 16	13 34	13 57	14 27	15 12
29	12 22	12 27	12 33	12 38	12 45	12 52	13 00	13 08	13 18	13 28	13 41	13 55	14 12	14 33
30	12 52	12 56	13 00	13 03	13 08	13 12	13 17	13 23	13 29	13 36	13 44	13 52	14 03	14 14
Dec. 1	13 18	13 20	13 22	13 24	13 27	13 29	13 32	13 34	13 38	13 41	13 45	13 50	13 55	14 00
2	13 42	13 42	13 43	13 43	13 43	13 44	13 44	13 44	13 45	13 45	13 46	13 47	13 47	13 48
3	14 05	14 04	14 02	14 01	13 59	13 58	13 56	13 54	13 52	13 49	13 47	13 44	13 40	13 36
4	14 28	14 26	14 23	14 20	14 16	14 12	14 08	14 04	13 59	13 54	13 48	13 41	13 33	13 24
5	14 54	14 50	14 45	14 40	14 35	14 29	14 23	14 16	14 08	14 00	13 50	13 38	13 25	13 09
6	15 23	15 18	15 11	15 05	14 58	14 50	14 41	14 31	14 20	14 08	13 54	13 36	13 15	12 49
7	15 57	15 50	15 43	15 35	15 26	15 16	15 05	14 52	14 38	14 21	14 01	13 36	13 01	11 59
8	16 38	16 30	16 21	16 12	16 02	15 50	15 37	15 22	15 05	14 44	14 17	13 39	□	□
9	17 25	17 17	17 08	16 58	16 47	16 34	16 20	16 04	15 45	15 21	14 49	13 57	□	□
10	18 19	18 11	18 02	17 52	17 41	17 29	17 15	16 59	16 41	16 18	15 47	14 59	□	□

MOONSET

Lat.	+40°	+42°	+44°	+46°	+48°	+50°	+52°	+54°	+56°	+58°	+60°	+62°	+64°	+66°
	h m	h m	h m	h m	h m	h m	h m	h m	h m	h m	h m	h m	h m	h m
Nov. 16	13 15	13 20	13 25	13 30	13 37	13 43	13 51	13 59	14 08	14 18	14 30	14 44	15 00	15 20
17	13 40	13 44	13 47	13 51	13 56	14 01	14 06	14 11	14 18	14 25	14 32	14 41	14 52	15 04
18	14 03	14 06	14 08	14 10	14 13	14 15	14 18	14 22	14 25	14 29	14 34	14 39	14 44	14 51
19	14 26	14 26	14 27	14 28	14 28	14 29	14 30	14 31	14 32	14 33	14 34	14 36	14 37	14 39
20	14 48	14 47	14 46	14 45	14 44	14 43	14 42	14 40	14 39	14 37	14 35	14 33	14 30	14 27
21	15 13	15 10	15 07	15 04	15 01	14 58	14 54	14 50	14 46	14 41	14 36	14 30	14 22	14 14
22	15 40	15 36	15 32	15 27	15 22	15 16	15 10	15 03	14 56	14 47	14 38	14 27	14 14	13 59
23	16 14	16 08	16 02	15 55	15 48	15 40	15 31	15 21	15 10	14 57	14 42	14 24	14 03	13 35
24	16 56	16 49	16 41	16 32	16 22	16 12	16 00	15 47	15 32	15 14	14 51	14 23	13 42	■
25	17 49	17 41	17 31	17 21	17 10	16 58	16 44	16 28	16 09	15 46	15 15	14 27	■	■
26	18 53	18 45	18 36	18 25	18 14	18 01	17 47	17 30	17 10	16 45	16 12	15 11	■	■
27	20 07	19 59	19 50	19 41	19 31	19 20	19 07	18 52	18 35	18 15	17 48	17 11	■	■
28	21 23	21 17	21 10	21 03	20 54	20 46	20 36	20 24	20 12	19 57	19 39	19 17	18 48	18 04
29	22 38	22 34	22 29	22 24	22 18	22 12	22 05	21 57	21 48	21 38	21 27	21 14	20 57	20 38
30	23 51	23 48	23 45	23 42	23 38	23 34	23 30	23 26	23 20	23 15	23 08	23 01	22 52	22 42
Dec. 1	.. ..	.. ..	.. ..	.. ..	.. ..	.. ..	.. ..	.. ..	.. ..	.. ..	.. ..	.. ..	.. ..	.. ..
2	1 00	0 59	0 58	0 56	0 55	0 54	0 52	0 50	0 48	0 46	0 43	0 41	0 37	0 33
3	2 07	2 08	2 08	2 09	2 09	2 10	2 11	2 12	2 13	2 14	2 15	2 16	2 18	2 20
4	3 13	3 15	3 17	3 20	3 23	3 25	3 29	3 32	3 36	3 40	3 45	3 51	3 57	4 05
5	4 19	4 22	4 26	4 31	4 35	4 40	4 46	4 52	4 59	5 07	5 16	5 26	5 38	5 53
6	5 24	5 30	5 35	5 41	5 48	5 56	6 04	6 13	6 23	6 35	6 48	7 05	7 25	7 51
7	6 30	6 36	6 43	6 51	7 00	7 09	7 20	7 32	7 46	8 02	8 22	8 46	9 20	10 22
8	7 33	7 40	7 49	7 58	8 08	8 20	8 32	8 47	9 04	9 25	9 51	10 29	□	□
9	8 31	8 40	8 49	8 59	9 10	9 22	9 36	9 52	10 11	10 35	11 07	11 59	□	□
10	9 23	9 31	9 40	9 50	10 01	10 14	10 27	10 43	11 02	11 26	11 56	12 44	□	□

□ indicates Moon continuously above horizon.
■ indicates Moon continuously below horizon.
.. .. indicates phenomenon will occur the next day.

MOONRISE AND MOONSET, 2022

UNIVERSAL TIME FOR MERIDIAN OF GREENWICH

MOONRISE

Lat.	−55°	−50°	−45°	−40°	−35°	−30°	−20°	−10°	0°	+10°	+20°	+30°	+35°	+40°
	h m	h m	h m	h m	h m	h m	h m	h m	h m	h m	h m	h m	h m	h m
Dec. 9	22 31	21 51	21 22	20 59	20 40	20 24	19 57	19 34	19 12	18 50	18 27	18 00	17 44	17 25
10	23 14	22 37	22 09	21 47	21 29	21 14	20 47	20 25	20 03	19 42	19 19	18 53	18 37	18 19
11	23 44	23 11	22 47	22 28	22 12	21 58	21 34	21 13	20 53	20 34	20 13	19 48	19 34	19 17
12	.. ..	23 38	23 18	23 02	22 48	22 36	22 15	21 57	21 41	21 24	21 06	20 45	20 32	20 18
13	0 03	23 58	23 43	23 30	23 19	23 10	22 54	22 39	22 26	22 12	21 58	21 41	21 31	21 20
14	0 18	.. ..	.. ..	23 55	23 47	23 41	23 29	23 19	23 09	22 59	22 49	22 36	22 29	22 22
15	0 28	0 15	0 04	.. ..	.. ..	.. ..	.. ..	23 56	23 51	23 45	23 39	23 32	23 28	23 23
16	0 37	0 29	0 23	0 18	0 13	0 09	0 02	.. ..	.. ..	.. ..	.. ..	.. ..	.. ..	.. ..
17	0 45	0 43	0 41	0 39	0 38	0 37	0 35	0 34	0 32	0 31	0 29	0 27	0 26	0 25
18	0 52	0 56	0 59	1 02	1 04	1 06	1 09	1 12	1 15	1 18	1 21	1 25	1 27	1 29
19	1 01	1 11	1 19	1 25	1 31	1 36	1 45	1 53	2 00	2 07	2 15	2 25	2 30	2 36
20	1 13	1 29	1 42	1 53	2 02	2 10	2 25	2 37	2 49	3 01	3 14	3 29	3 37	3 47
21	1 29	1 53	2 11	2 26	2 39	2 50	3 10	3 27	3 43	3 59	4 17	4 37	4 49	5 03
22	1 54	2 25	2 49	3 08	3 25	3 39	4 03	4 24	4 43	5 03	5 24	5 49	6 03	6 20
23	2 34	3 12	3 40	4 02	4 21	4 36	5 03	5 26	5 48	6 10	6 33	7 00	7 17	7 35
24	3 38	4 18	4 46	5 09	5 27	5 43	6 10	6 34	6 55	7 17	7 40	8 07	8 23	8 42
25	5 05	5 39	6 04	6 25	6 41	6 56	7 20	7 41	8 01	8 21	8 42	9 06	9 20	9 36
26	6 42	7 08	7 28	7 44	7 57	8 09	8 29	8 46	9 02	9 18	9 35	9 55	10 06	10 19
27	8 20	8 37	8 51	9 02	9 12	9 20	9 34	9 47	9 58	10 10	10 22	10 36	10 44	10 53
28	9 52	10 02	10 10	10 16	10 22	10 27	10 35	10 42	10 49	10 56	11 03	11 11	11 16	11 21
29	11 19	11 22	11 25	11 26	11 28	11 30	11 32	11 34	11 36	11 38	11 41	11 43	11 45	11 46
30	12 43	12 39	12 37	12 34	12 32	12 30	12 27	12 24	12 22	12 19	12 16	12 13	12 12	12 10
31	14 05	13 55	13 47	13 40	13 34	13 29	13 21	13 13	13 06	12 59	12 52	12 43	12 38	12 33
32	15 27	15 10	14 56	14 45	14 36	14 28	14 14	14 02	13 51	13 40	13 28	13 14	13 07	12 58
33	16 48	16 24	16 05	15 51	15 38	15 27	15 08	14 52	14 37	14 22	14 06	13 48	13 38	13 26

MOONSET

Lat.	−55°	−50°	−45°	−40°	−35°	−30°	−20°	−10°	0°	+10°	+20°	+30°	+35°	+40°
	h m	h m	h m	h m	h m	h m	h m	h m	h m	h m	h m	h m	h m	h m
Dec. 9	3 30	4 09	4 37	4 59	5 18	5 34	6 01	6 24	6 45	7 07	7 30	7 57	8 13	8 31
10	4 19	4 59	5 28	5 50	6 09	6 25	6 52	7 15	7 37	7 59	8 22	8 49	9 05	9 23
11	5 21	5 58	6 25	6 47	7 04	7 19	7 45	8 07	8 28	8 48	9 10	9 35	9 50	10 07
12	6 33	7 05	7 28	7 47	8 02	8 16	8 38	8 58	9 16	9 35	9 54	10 16	10 29	10 44
13	7 50	8 14	8 33	8 48	9 01	9 12	9 31	9 47	10 03	10 18	10 34	10 53	11 03	11 15
14	9 07	9 24	9 38	9 50	9 59	10 08	10 22	10 35	10 47	10 58	11 11	11 25	11 33	11 42
15	10 23	10 35	10 44	10 51	10 58	11 03	11 13	11 21	11 29	11 37	11 45	11 54	12 00	12 06
16	11 40	11 45	11 49	11 53	11 56	11 58	12 03	12 07	12 11	12 14	12 18	12 22	12 25	12 28
17	12 58	12 57	12 56	12 56	12 55	12 55	12 54	12 53	12 52	12 52	12 51	12 50	12 50	12 49
18	14 18	14 11	14 06	14 01	13 57	13 53	13 47	13 41	13 36	13 31	13 25	13 19	13 16	13 12
19	15 44	15 30	15 19	15 10	15 02	14 55	14 43	14 32	14 23	14 13	14 03	13 51	13 45	13 37
20	17 15	16 54	16 37	16 23	16 11	16 01	15 43	15 28	15 14	15 00	14 45	14 28	14 18	14 07
21	18 51	18 20	17 58	17 39	17 24	17 11	16 48	16 29	16 11	15 53	15 34	15 12	14 59	14 44
22	20 23	19 45	19 18	18 56	18 38	18 23	17 57	17 34	17 13	16 53	16 30	16 04	15 49	15 31
23	21 39	20 59	20 30	20 08	19 49	19 33	19 05	18 42	18 20	17 58	17 34	17 07	16 51	16 32
24	22 30	21 55	21 29	21 08	20 51	20 36	20 10	19 48	19 27	19 06	18 43	18 17	18 01	17 43
25	23 03	22 35	22 14	21 57	21 42	21 30	21 08	20 49	20 31	20 13	19 53	19 31	19 17	19 02
26	23 23	23 03	22 48	22 35	22 24	22 15	21 58	21 43	21 30	21 16	21 01	20 43	20 33	20 21
27	23 36	23 24	23 14	23 06	22 59	22 53	22 42	22 32	22 23	22 14	22 04	21 52	21 45	21 38
28	23 47	23 41	23 37	23 33	23 29	23 26	23 21	23 16	23 12	23 07	23 03	22 57	22 54	22 50
29	23 56	23 56	23 56	23 57	23 57	23 57	23 57	23 58	23 58	23 58	23 59	23 59	23 59	23 59
30	.. ..	.. ..	.. ..	.. ..	.. ..	.. ..	.. ..	.. ..	.. ..	.. ..	.. ..	.. ..	.. ..	.. ..
31	0 04	0 10	0 16	0 20	0 24	0 27	0 33	0 38	0 43	0 48	0 53	0 59	1 02	1 06
32	0 13	0 26	0 36	0 44	0 51	0 57	1 08	1 18	1 27	1 36	1 46	1 57	2 04	2 11
33	0 24	0 43	0 58	1 10	1 21	1 30	1 46	2 00	2 13	2 26	2 40	2 56	3 06	3 17

.. .. indicates phenomenon will occur the next day.

UNIVERSAL TIME FOR MERIDIAN OF GREENWICH

MOONRISE

Lat.	+40°	+42°	+44°	+46°	+48°	+50°	+52°	+54°	+56°	+58°	+60°	+62°	+64°	+66°
	h m	h m	h m	h m	h m	h m	h m	h m	h m	h m	h m	h m	h m	h m
Dec. 9	17 25	17 17	17 08	16 58	16 47	16 34	16 20	16 04	15 45	15 21	14 49	13 57	□	□
10	18 19	18 11	18 02	17 52	17 41	17 29	17 15	16 59	16 41	16 18	15 47	14 59	□	□
11	19 17	19 10	19 02	18 53	18 43	18 32	18 20	18 06	17 50	17 30	17 06	16 33	15 35	□
12	20 18	20 12	20 05	19 58	19 49	19 40	19 30	19 19	19 06	18 51	18 33	18 11	17 41	16 56
13	21 20	21 15	21 10	21 04	20 57	20 51	20 43	20 34	20 25	20 14	20 01	19 46	19 28	19 05
14	22 22	22 18	22 14	22 10	22 06	22 01	21 56	21 50	21 43	21 36	21 28	21 18	21 07	20 53
15	23 23	23 21	23 19	23 16	23 14	23 11	23 08	23 05	23 01	22 57	22 52	22 47	22 41	22 34
16	.. ..	.. ..	.. ..	.. ..	.. ..	.. ..	.. ..	.. ..	.. ..	.. ..	.. ..	.. ..	.. ..	.. ..
17	0 25	0 25	0 24	0 23	0 23	0 22	0 21	0 21	0 20	0 19	0 18	0 16	0 15	0 13
18	1 29	1 30	1 31	1 32	1 34	1 35	1 37	1 38	1 40	1 42	1 45	1 48	1 51	1 54
19	2 36	2 39	2 42	2 45	2 48	2 52	2 56	3 00	3 05	3 11	3 17	3 24	3 32	3 42
20	3 47	3 52	3 56	4 02	4 07	4 13	4 20	4 28	4 36	4 45	4 56	5 09	5 25	5 44
21	5 03	5 09	5 16	5 23	5 31	5 39	5 49	6 00	6 12	6 27	6 44	7 05	7 33	8 14
22	6 20	6 28	6 36	6 45	6 55	7 07	7 19	7 34	7 51	8 11	8 37	9 12	10 27	■
23	7 35	7 44	7 53	8 03	8 15	8 27	8 42	8 58	9 18	9 43	10 16	11 15	■	■
24	8 42	8 50	8 59	9 09	9 20	9 33	9 47	10 03	10 22	10 45	11 15	12 03	■	■
25	9 36	9 44	9 51	10 00	10 10	10 20	10 32	10 45	11 00	11 18	11 40	12 07	12 47	■
26	10 19	10 25	10 31	10 38	10 45	10 53	11 02	11 11	11 22	11 35	11 49	12 06	12 27	12 54
27	10 53	10 57	11 02	11 06	11 11	11 17	11 23	11 29	11 36	11 44	11 54	12 04	12 16	12 31
28	11 21	11 24	11 26	11 29	11 32	11 35	11 38	11 42	11 46	11 51	11 56	12 01	12 08	12 16
29	11 46	11 47	11 48	11 49	11 50	11 50	11 52	11 53	11 54	11 55	11 57	11 59	12 01	12 03
30	12 10	12 09	12 08	12 07	12 06	12 05	12 04	12 02	12 01	11 59	11 58	11 56	11 53	11 51
31	12 33	12 31	12 28	12 25	12 23	12 19	12 16	12 12	12 08	12 04	11 59	11 53	11 46	11 39
32	12 58	12 54	12 50	12 45	12 41	12 35	12 30	12 24	12 17	12 09	12 00	11 50	11 39	11 25
33	13 26	13 20	13 15	13 08	13 02	12 55	12 47	12 38	12 28	12 16	12 03	11 48	11 30	11 07

MOONSET

Lat.	+40°	+42°	+44°	+46°	+48°	+50°	+52°	+54°	+56°	+58°	+60°	+62°	+64°	+66°
	h m	h m	h m	h m	h m	h m	h m	h m	h m	h m	h m	h m	h m	h m
Dec. 9	8 31	8 40	8 49	8 59	9 10	9 22	9 36	9 52	10 11	10 35	11 07	11 59	□	□
10	9 23	9 31	9 40	9 50	10 01	10 14	10 27	10 43	11 02	11 26	11 56	12 44	□	□
11	10 07	10 15	10 23	10 33	10 43	10 54	11 06	11 20	11 37	11 57	12 22	12 55	13 54	□
12	10 44	10 51	10 58	11 06	11 15	11 24	11 35	11 46	12 00	12 15	12 34	12 57	13 27	14 13
13	11 15	11 21	11 27	11 33	11 40	11 47	11 55	12 05	12 15	12 26	12 40	12 56	13 15	13 39
14	11 42	11 46	11 50	11 55	12 00	12 06	12 12	12 18	12 25	12 34	12 43	12 53	13 06	13 21
15	12 06	12 08	12 11	12 14	12 17	12 21	12 25	12 29	12 33	12 39	12 44	12 51	12 58	13 07
16	12 28	12 29	12 30	12 31	12 33	12 35	12 36	12 38	12 40	12 43	12 45	12 48	12 51	12 55
17	12 49	12 49	12 49	12 48	12 48	12 48	12 47	12 47	12 47	12 46	12 46	12 45	12 44	12 44
18	13 12	13 10	13 08	13 06	13 04	13 02	12 59	12 56	12 53	12 50	12 46	12 42	12 37	12 32
19	13 37	13 34	13 30	13 26	13 22	13 18	13 13	13 07	13 02	12 55	12 48	12 39	12 29	12 18
20	14 07	14 02	13 57	13 51	13 45	13 38	13 30	13 22	13 13	13 02	12 50	12 37	12 20	12 00
21	14 44	14 37	14 30	14 23	14 14	14 05	13 55	13 43	13 30	13 15	12 57	12 35	12 06	11 25
22	15 31	15 23	15 15	15 05	14 55	14 44	14 31	14 16	13 59	13 38	13 12	12 35	11 20	■
23	16 32	16 23	16 14	16 03	15 52	15 39	15 25	15 08	14 48	14 23	13 50	12 51	■	■
24	17 43	17 35	17 26	17 16	17 06	16 54	16 40	16 24	16 05	15 42	15 12	14 25	■	■
25	19 02	18 55	18 48	18 39	18 30	18 20	18 09	17 57	17 42	17 25	17 04	16 36	15 57	■
26	20 21	20 16	20 11	20 04	19 58	19 51	19 42	19 33	19 23	19 12	18 58	18 42	18 22	17 56
27	21 38	21 34	21 31	21 27	21 23	21 18	21 13	21 07	21 01	20 54	20 46	20 36	20 26	20 13
28	22 50	22 49	22 47	22 45	22 43	22 41	22 38	22 36	22 33	22 29	22 26	22 22	22 17	22 11
29	23 59	23 59	23 59	23 59	23 59	23 59	.. ..	.. ..	.. ..	.. ..	.. ..	.. ..	.. ..	.. ..
30	.. ..	.. ..	.. ..	.. ..	.. ..	.. ..	0 00	0 00	0 00	0 00	0 00	0 00	0 00	0 01
31	1 06	1 08	1 09	1 11	1 13	1 16	1 18	1 21	1 24	1 27	1 31	1 36	1 41	1 46
32	2 11	2 15	2 18	2 22	2 26	2 31	2 36	2 41	2 47	2 54	3 02	3 11	3 21	3 33
33	3 17	3 22	3 27	3 32	3 39	3 45	3 53	4 01	4 10	4 21	4 33	4 47	5 05	5 27

□ indicates Moon continuously above horizon.
■ indicates Moon continuously below horizon.
.. .. indicates phenomenon will occur the next day.

CONTENTS OF THE ECLIPSE SECTION

Explanatory Text
    Solar Eclipses 65
    Lunar Eclipses 68
April 30: Partial Solar Eclipse
    Circumstances and Besselian elements... 70
    Eclipse Map.. 71
May 16: Total Lunar Eclipse 72
October 25: Partial Solar Eclipse
    Circumstances and Besselian elements... 73
    Eclipse Map.. 74
November 8: Total Lunar Eclipse 75

SUMMARY OF ECLIPSES AND TRANSITS FOR 2022

There are four eclipses, two of the Sun and two of the Moon. All times are expressed in Universal Time using $\Delta T = +71^s.0$. There are no transits of Mercury or Venus across the Sun.

I. *A partial eclipse of the Sun*, April 30. See map on page 71. The eclipse begins at $18^h 45^m$ and ends at $22^h 39^m$. It is visible from extreme northern Antarctica, southern South America, the south Pacific Ocean and the south Atlantic Ocean.

II. *A total eclipse of the Moon*, May 16. See map on page 72. The eclipse begins at $01^h 30^m$ and ends at $06^h 53^m$; the total phase begins at $03^h 29^m$ and ends at $04^h 55^m$. It is visible from western Europe, the Middle East, Africa, North America, South America, Antarctica, the Atlantic Ocean, and the Pacific Ocean.

III. *A partial eclipse of the Sun*, October 25. See map on page 74. The eclipse begins at $08^h 58^m$ and ends at $13^h 03^m$. It is visible from Europe, the Middle East, northern Africa, western Asia, the north Atlantic Ocean, and the north Indian Ocean.

IV. *A total eclipse of the Moon*, November 8. See map on page 75. The eclipse begins at $08^h 00^m$ and ends at $13^h 58^m$; the total phase begins at $10^h 16^m$ and ends at $11^h 43^m$. It is visible from South America, North America, Australia, Asia, the north Atlantic Ocean, and the Pacific Ocean.

Local circumstances and animations for upcoming eclipses can be found on *The Astronomical Almanac Online* at https://asa.hmnao.com or https://asa.usno.navy.mil.

Local circumstances and animations for upcoming eclipses can be found on *The Astro-nomical Almanac Online* at https://asa.hmnao.com or https://asa.usno.navy.mil.

General Information

The elements and circumstances are computed according to Bessel's method from ap-parent right ascensions and declinations of the Sun and Moon. Semidiameters of the Sun and Moon used in the calculation of eclipses do not include irradiation. The adopted semidi-ameter of the Sun at unit distance is $15' 59''.64$ from the IAU (1976) Astronomical Constants. The apparent semidiameter of the Moon is equal to arcsin ($k \sin \pi$), where π is the Moon's horizontal parallax and k is an adopted constant. In 1982, the IAU adopted $k = 0.272\,5076$, corresponding to the mean radius of Watts' datum as determined by observations of occul-tations and to the adopted radius of the Earth.

Standard corrections of $+0''.5$ and $-0''.25$ have been applied to the longitude and latitude of the Moon, respectively, to help correct for the difference between the center of figure and the center of mass.

Refraction is neglected in calculating solar and lunar eclipses. Because the circum-stances of eclipses are calculated for the surface of the ellipsoid, refraction is not included in Besselian element polynomials. For local predictions, corrections for refraction are un-necessary; they are required only in precise comparisons of theory with observation in which many other refinements are also necessary.

All time arguments are given provisionally in Universal Time, using $\Delta T(A) = +71^s.0$. Once an updated value of ΔT is known, the data on these pages may be expressed in Uni-versal Time as follows:

Define $\delta T = \Delta T - \Delta T(A)$, in units of seconds of time.
Change the times of circumstances given in preliminary Universal Time by subtract-ing δT.
Correct the tabulated longitudes, $\lambda(A)$, using $\lambda = \lambda(A) + 0.00417807 \times \delta T$ (longi-tudes are in degrees).
Leave all other quantities unchanged.
The correction of δT is included in the Besselian elements.
Longitude is positive to the east, and negative to the west.

Explanation of Solar Eclipse Diagram

The solar eclipse diagrams in *The Astronomical Almanac* show the region over which different phases of each eclipse may be seen and the times at which these phases occur. Each diagram has a series of dashed curves that show the outline of the Moon's penumbra on the Earth's surface at one-hour intervals. Short dashes show the leading edge, and long dashes show the trailing edge. Except for certain extreme cases, the shadow outline moves generally from west to east. The Moon's shadow cone first contacts the Earth's surface where "First Contact" is indicated on the diagram. "Last Contact" is where the Moon's shadow cone last contacts the Earth's surface. The path of the central eclipse, whether for a total, annular, or annular-total eclipse, is marked by two closely spaced curves that cut across all of the dashed curves. These two curves mark the extent of the Moon's umbral shadow on the Earth's surface. Viewers within these boundaries will observe a total, annular, or annular-total eclipse, and viewers outside these boundaries will see a partial eclipse.

Solid curves labeled "Northern" and "Southern Limit of Eclipse" represent the furthest extent north or south of the Moon's penumbra on the Earth's surface. Viewers outside of these boundaries will not experience any eclipse. When only one of these two curves appears, only part of the Moon's penumbra touches the Earth; the other part is projected into space north or south of the Earth. The solid curves labeled "Eclipse begins at Sunset" and "Eclipse ends at Sunrise" define the other limits.

Another set of solid curves appears on some diagrams as two teardrop shapes (or lobes) on either end of the eclipse path, and on other diagrams as a distorted figure eight. These lobes represent in time the intersection of the Moon's penumbra with the Earth's terminator as the eclipse progresses. As time elapses, the Earth's terminator moves east-to-west while the Moon's penumbra moves west-to-east. These lobes connect to form an elongated figure eight on a diagram when part of the Moon's penumbra stays in contact with the Earth's terminator throughout the eclipse. The lobes become two separate teardrop shapes when the Moon's penumbra breaks contact with the Earth's terminator during the beginning of the eclipse and reconnects with it near the end. In the east, the outer portion of the lobe is labeled "Eclipse begins at Sunset" and marks the first contact between the Moon's penumbra and Earth's terminator in the east. Observers on this curve just fail to see the eclipse. The inner part of the lobe is labeled "Eclipse ends at Sunset" and marks the last contact between the Moon's penumbra and the Earth's terminator in the east. Observers on this curve just see the whole eclipse. The curve bisecting this lobe is labeled "Maximum Eclipse at Sunset" and is part of the sunset terminator at maximum eclipse. Viewers in the eastern half of the lobe will see the Sun set before maximum eclipse; *i.e.* see less than half of the eclipse. Viewers in the western half of the lobe will see the Sun set after maximum eclipse; *i.e.* see more than half of the eclipse. A similar description holds for the western lobe except everything occurs at sunrise instead of sunset.

Computing Local Circumstances for Solar Eclipses

The solar eclipse maps show the path of the eclipse, beginning and ending times of the eclipse, and the region of visibility, including restrictions due to rising and setting of the Sun. The short-dash and long-dash lines show, respectively, the progress of the leading and trailing edge of the penumbra; thus, at a given location, the times of the first and last contact may be interpolated. If further precision is desired, Besselian elements can be utilized.

Besselian elements characterize the geometric position of the shadow of the Moon relative to the Earth. The exterior tangents to the surfaces of the Sun and Moon form the umbral cone; the interior tangents form the penumbral cone. The common axis of these two cones is the axis of the shadow. To form a system of geocentric rectangular coordinates, the geocentric plane perpendicular to the axis of the shadow is taken as the xy-plane. This is called the fundamental plane. The x-axis is the intersection of the fundamental plane with the plane of the equator; it is positive toward the east. The y-axis is positive toward the north. The z-axis is parallel to the axis of the shadow and is positive toward the Moon. The tabular values of x and y are the coordinates, in units of the Earth's equatorial radius, of the intersection of the axis of the shadow with the fundamental plane. The direction of the axis of the shadow is specified by the declination d and hour angle μ of the point on the celestial sphere toward which the axis is directed.

The radius of the umbral cone is regarded as positive for an annular eclipse and negative for a total eclipse. The angles f_1 and f_2 are the angles at which the tangents that form the penumbral and umbral cones, respectively, intersect the axis of the shadow.

To predict accurate local circumstances, calculate the geocentric coordinates $\rho \sin \phi'$ and $\rho \cos \phi'$ from the geodetic latitude ϕ and longitude λ, using the relationships given on pages K11–K12 of *The Astronomical Almanac*. Inclusion of the height h in this calculation is all that is necessary to obtain the local circumstances at high altitudes.

Obtain approximate times for the beginning, middle and end of the eclipse from the eclipse map. For each of these three times, compute — from the Besselian element polynomials — the values of x, y, $\sin d$, $\cos d$, μ and l_1 (the radius of the penumbra on the fundamental plane). If the eclipse is central (i.e., total, annular or annular-total), then, at the approximate time of the middle of the eclipse, l_2 (the radius of the umbra on the fundamental plane) is required instead of l_1. The hourly variations x', y' of x and y are needed, and may be obtained by evaluating the derivative of the polynomial expressions for x and y. Values of μ', d', $\tan f_1$ and $\tan f_2$ are nearly constant throughout the eclipse and are given immediately following the Besselian polynomials.

For each of the three approximate times, calculate the coordinates ξ, η, ζ for the observer and the hourly variations ξ' and η' from

$$\xi = \rho \cos \phi' \sin \theta,$$
$$\eta = \rho \sin \phi' \cos d - \rho \cos \phi' \sin d \cos \theta,$$
$$\zeta = \rho \sin \phi' \sin d + \rho \cos \phi' \cos d \cos \theta,$$
$$\xi' = \mu' \rho \cos \phi' \cos \theta,$$
$$\eta' = \mu' \xi \sin d - \zeta d',$$

where

$$\theta = \mu + \lambda$$

for longitudes measured positive towards the east.

Next, calculate

$$
\begin{array}{ll}
u = x - \xi & u' = x' - \xi' \\
v = y - \eta & v' = y' - \eta' \\
m^2 = u^2 + v^2 & n^2 = u'^2 + v'^2
\end{array}
\qquad (m, n > 0)
$$
$$L_i = l_i - \zeta \tan f_i$$
$$D = uu' + vv'$$
$$\Delta = \tfrac{1}{n}(uv' - u'v)$$
$$\sin \psi = \tfrac{\Delta}{L_i},$$

where $i = 1, 2$.

At the approximate times of the beginning and end of the eclipse, L_1 is required. At the approximate time of the middle of the eclipse, L_2 is required if the eclipse is central; L_1 is required if the eclipse is partial.

Neglecting the variation of L, the correction τ to be applied to the approximate time of the middle of the eclipse to obtain the *Universal Time of greatest phase* (in hours) is

$$\tau = -\frac{D}{n^2},$$

which may be expressed in minutes by multiplying by 60. The correction τ to be applied to the approximate times of the beginning and end of the eclipse to obtain the *Universal Times of the penumbral contacts* (in hours) is

$$\tau = \frac{L_1}{n} \cos \psi - \frac{D}{n^2},$$

which may be expressed in minutes by multiplying by 60.

If the eclipse is central, use the approximate time for the middle of the eclipse as a first approximation to the times of umbral contact. The correction τ to be applied to obtain the *Universal Times of the umbral contacts* is

$$\tau = \frac{L_2}{n} \cos \psi - \frac{D}{n^2},$$

which may be expressed in minutes by multiplying by 60.

In the last two equations, the ambiguity in the quadrant of ψ is removed by noting that $\cos \psi$ must be *negative* for the beginning of the eclipse, for the beginning of the annular phase, or for the end of the total phase; $\cos \psi$ must be *positive* for the end of the eclipse, the end of the annular phase, or the beginning of the total phase.

For greater accuracy, the times resulting from the calculation outlined above should be used in place of the original approximate times, and the entire procedure repeated at least once. The calculations for each of the contact times and the time of greatest phase should be performed separately.

The *magnitude of greatest partial eclipse*, in units of the solar diameter, is

$$M_1 = \frac{L_1 - m}{(2L_1 - 0.5459)},$$

where the value of m at the time of greatest phase is used. If the magnitude is negative at the time of greatest phase, no eclipse is visible from the location.

The *magnitude of the central phase*, in the same units, is

$$M_2 = \frac{L_1 - L_2}{(L_1 + L_2)}.$$

The *position angle of a point of contact*, measured eastward (counterclockwise) from the north point of the solar limb, is given by

$$\tan P = \frac{u}{v},$$

where u and v are evaluated at the times of contacts computed in the final approximation. The quadrant of P is determined by noting that $\sin P$ has the algebraic sign of u, except for the contacts of the total phase, for which $\sin P$ has the opposite sign to u.

The position angle of the point of contact, measured eastward from the vertex of the solar limb, is given by

$$V = P - C,$$

where C, the parallactic angle, is obtained with sufficient accuracy from

$$\tan C = \frac{\xi}{\eta},$$

with $\sin C$ having the same algebraic sign as ξ, and the results of the final approximation again being used. The vertex point of the solar limb lies on a great circle arc drawn from the zenith to the center of the solar disk.

Lunar Eclipses

A calculator to produce local circumstances of recent and upcoming lunar eclipses is provided at https://aa.usno.navy.mil/data/docs/LunarEclipse.php

In calculating lunar eclipses, the radius of the geocentric shadow of the Earth is increased by one-fiftieth part to allow for the effect of the atmosphere. Refraction is neglected in calculating solar and lunar eclipses. Standard corrections of $+0''.5$ and $-0''.25$ have been applied to the longitude and latitude of the Moon, respectively, to help correct for the difference between the center of figure and the center of mass.

Explanation of Lunar Eclipse Diagram

Information on lunar eclipses is presented in the form of a diagram consisting of two parts. The upper panel shows the path of the Moon relative to the penumbral and umbral shadows of the Earth. The lower panel shows the visibility of the eclipse from the surface of the Earth. The title of the upper panel includes the type of eclipse, its place in the sequence of eclipses for the year and the Greenwich calendar date of the eclipse. The inner darker circle is the umbral shadow of the Earth and the outer lighter circle is that of the penumbra. The axis of the shadow of the Earth is denoted by ($+$) with the ecliptic shown for reference purposes. A 30-arcminute scale bar is provided on the right hand side of the diagram and the orientation is given by the cardinal points displayed on the small graphic on the left hand side of the diagram. The position angle (PA) is measured from North point of the lunar disk along the limb of the Moon to the point of contact. It is shown on the graphic by the use of an arc extending anti-clockwise (eastwards) from North terminated with an arrow head.

Moon symbols are plotted at the principal phases of the eclipse to show its position relative to the umbral and penumbral shadows. The UT times of the different phases of the eclipse to the nearest tenth of a minute are printed above or below the Moon symbols as appropriate. P1 and P4 are the first and last external contacts of the penumbra respectively and denote the beginning and end of the penumbral eclipse respectively. U1 and U4 are the first and last external contacts of the umbra denoting the beginning and end of the partial phase of the eclipse respectively. U2 and U3 are the first and last internal contacts of the umbra and denote the beginning and end of the total phase respectively. MID is the middle of the eclipse. The position angle is given for P1 and P4 for penumbral eclipses and U1 and U4 for partial and total eclipses. The UT time of the geocentric opposition in right ascension of the Sun and Moon and the magnitude of the eclipse are given above or below the Moon symbols as appropriate.

The lower panel is a cylindrical equidistant map projection showing the Earth centered on the longitude at which the Moon is in the zenith at the middle of the eclipse. The visibility of the eclipse is displayed by plotting the Moon rise/set terminator for the principal phases of the eclipse for which timing information is provided in the upper panel. The terminator for the middle of the eclipse is not plotted for the sake of clarity.

The unshaded area indicates the region of the Earth from which all the eclipse is visible, whereas the darkest shading indicates the area from which the eclipse is invisible. The different shades of gray indicate regions where the Moon is either rising or setting during the principal phases of the eclipse. The Moon is rising on the left hand side of the diagram after the eclipse has started and is setting on the right hand side of the diagram before the eclipse ends. Labels are provided to this effect.

Symbols are plotted showing the locations for which the Moon is in the zenith at the principal phases of the eclipse. The points at which the Moon is in the zenith at P1 and P4 are denoted by ($+$), at U1 and U4 by ($\odot$) and at U2 and U3 by ($\oplus$). These symbols are also plotted on the upper panel where appropriate. The value of ΔT used for the calculation of the eclipse circumstances is given below the diagram. Country boundaries are also provided to assist the user in determining the visibility of the eclipse at a particular location.

I. – Partial Eclipse of the Sun, 2022 April 30

CIRCUMSTANCES OF THE ECLIPSE

Universal Time of geocentric conjunction in right ascension, April 30^d 19^h 40^m $47^s.636$

Julian Date = 2459700.3199957917

		UT	Longitude	Latitude
		d h m	° ′	° ′
Eclipse begins	April	30 18 45.3	−150 35.7	−68 02.1
Greatest eclipse		30 20 41.4	− 71 34.0	−62 13.6
Eclipse ends		30 22 38.0	− 77 24.9	−25 05.4

Magnitude of greatest eclipse: 0.6399

BESSELIAN ELEMENTS

Let $t = (UT-18^h) + \delta T/3600$ in units of hours.

These equations are valid over the range $0^h.708 \leq t \leq 4^h.808$. Do not use t outside the given range, and do not omit any terms in the series.

Intersection of the axis of shadow with the fundamental plane:

$$x = -0.79835417 + 0.47517268\ t + 0.00004924\ t^2 - 0.00000568\ t^3$$
$$y = -1.65319166 + 0.20982699\ t - 0.00001936\ t^2 - 0.00000266\ t^3$$

Direction of the axis of shadow:

$$\sin\ d = +0.25771863 + 0.00020558\ t - 0.00000008\ t^2$$
$$\cos\ d = +0.96621999 - 0.00005482\ t$$
$$\mu = 90°.69741811 + 15.00247822\ t - 0.00000172\ t^2 - 0.00000002\ t^3 - 0.00417807\ \delta T$$

Radius of the shadow on the fundamental plane:

penumbra $(l_1) = +0.56075181 + 0.00014593\ t - 0.00001025\ t^2$

Other important quantities:

$$\tan f_1 = +0.004642$$
$$\mu' = +0.261842 \text{ radians per hour}$$
$$d' = +0.000212 \text{ radians per hour}$$

All time arguments are given provisionally in Universal Time, using $\Delta T(A) = 71^s.0$.

PARTIAL SOLAR ECLIPSE OF 2022 APRIL 30

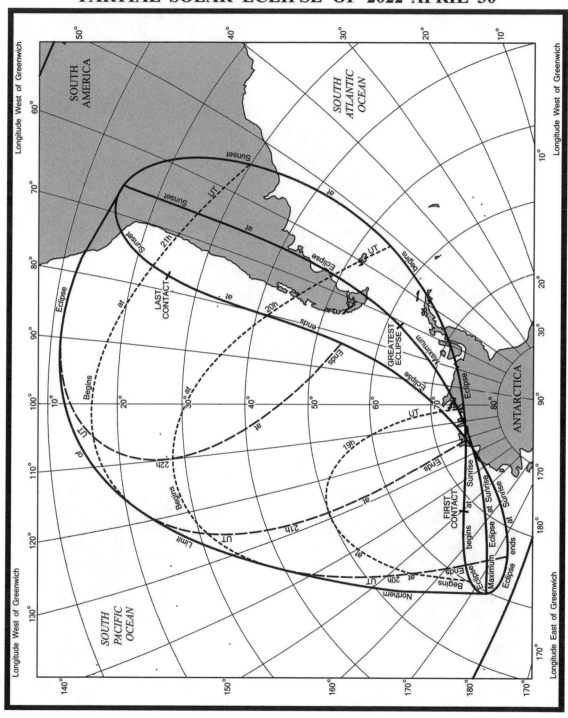

II. - Total Eclipse of the Moon   2022 May 16

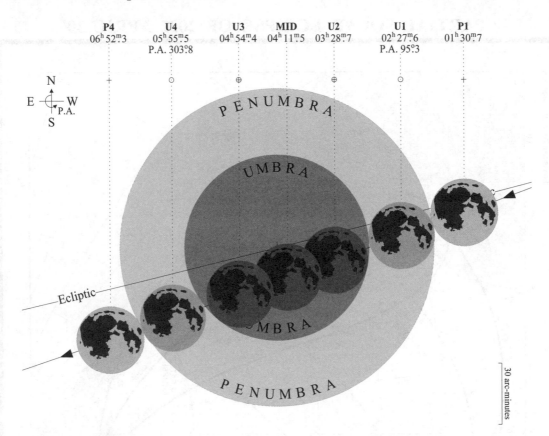

P4	U4	U3	MID	U2	U1	P1
06^{h}52^m.3	05^{h}55^m.5	04^{h}54^m.4	04^{h}11^m.5	03^{h}28^m.7	02^{h}27^m.6	01^{h}30^m.7
	P.A. 303°.8				P.A. 95°.3	

30 arc-minutes

UT of geocentric opposition in RA: May 16^d 4^h 20^m 53^s.031   Umbral magnitude of the eclipse: 1.419

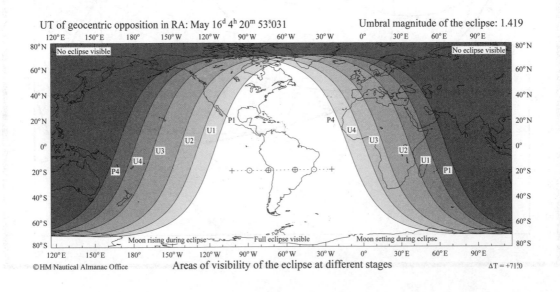

©HM Nautical Almanac Office   Areas of visibility of the eclipse at different stages   ΔT = +71°.0

III. – Partial Eclipse of the Sun, 2022 October 25

CIRCUMSTANCES OF THE ECLIPSE

Universal Time of geocentric conjunction in right ascension, October 25^d 10^h 03^m $44^s.842$
Julian Date = 2459877.9192690025

		UT			Longitude		Latitude	
		d	h	m	°	′	°	′
Eclipse begins	October	25	08	58.3	−18	56.7	+66	28.0
Greatest eclipse		25	11	00.1	+77	16.8	+61	46.7
Eclipse ends		25	13	02.3	+66	31.2	+17	34.7

Magnitude of greatest eclipse: 0.8622

BESSELIAN ELEMENTS

Let $t = (\text{UT}-9^h) + \delta T/3600$ in units of hours.

These equations are valid over the range $-0^h.125 \leq t \leq 4^h.208$. Do not use t outside the given range, and do not omit any terms in the series. If μ is greater than 360°, then subtract 360° from its computed value.

Intersection of the axis of shadow with the fundamental plane:

$$x = -0.52636534 + 0.49535724\ t + 0.00006950\ t^2 - 0.00000704\ t^3$$
$$y = +1.44326316 - 0.23961210\ t - 0.00000441\ t^2 + 0.00000356\ t^3$$

Direction of the axis of shadow:

$$\sin\ d = -0.21040746 - 0.00023468\ t + 0.00000003\ t^2$$
$$\cos\ d = +0.97761379 - 0.00005051\ t - 0.00000003\ t^2$$
$$\mu = 318°.97664385 + 15.00243852\ t - 0.00000206\ t^2 - 0.00000009\ t^3 - 0.00417807\ \delta T$$

Radius of the shadow on the fundamental plane:

penumbra $(l_1) = +0.55008478 - 0.00006923\ t - 0.00001161\ t^2$

Other important quantities:

$$\tan f_1 = +0.004702$$
$$\mu' = +0.261842\ \text{radians per hour}$$
$$d' = -0.000240\ \text{radians per hour}$$

All time arguments are given provisionally in Universal Time, using $\Delta T(A) = 71^s.0$.

PARTIAL SOLAR ECLIPSE OF 2022 OCTOBER 25

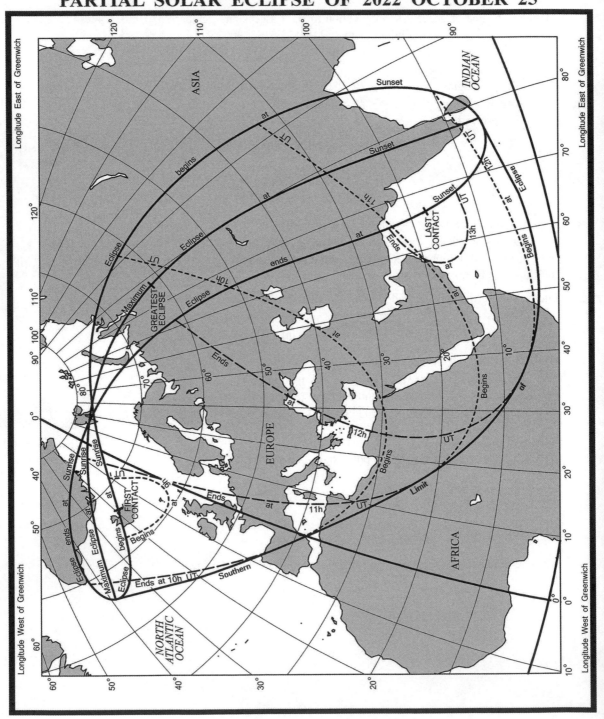

IV. - Total Eclipse of the Moon

UT of geocentric opposition in RA: November 8^d 11^h 11^m $18^s.694$

2022 November 08

Umbral magnitude of the eclipse: 1.364

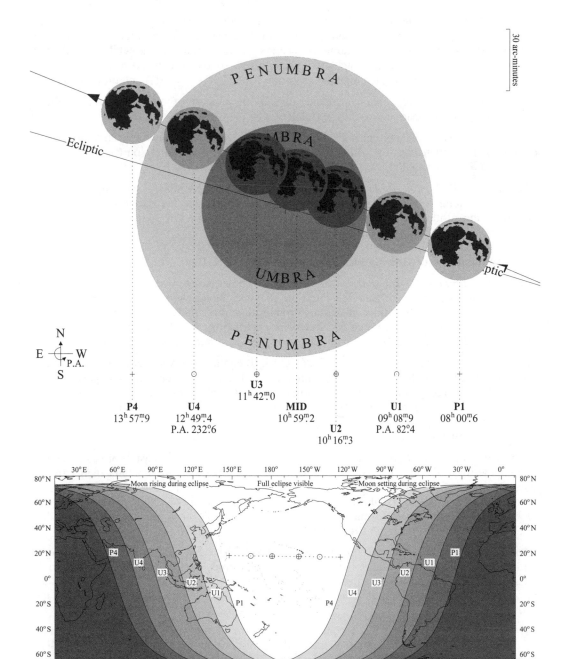

30 arc-minutes

PENUMBRA

UMBRA

Ecliptic

UMBRA

PENUMBRA

N
E — W
P.A.
S

P4
13^h $57^m.9$

U4
12^h $49^m.4$
P.A. $232^°.6$

U3
11^h $42^m.0$

MID
10^h $59^m.2$

U2
10^h $16^m.3$

U1
09^h $08^m.9$
P.A. $82^°.4$

P1
08^h $00^m.6$

Moon rising during eclipse   Full eclipse visible   Moon setting during eclipse

P4
U4
U3
U2
U1
P1

U1
U2
U3
U4
P1
P4

No eclipse visible   No eclipse visible

© HM Nautical Almanac Office   Areas of visibility of the eclipse at different stages   ΔT = +71^s.0

Joint publications of HM Nautical Almanac Office (UKHO) and the United States Naval Observatory

These publications are available from UKHO Distributors and the Superintendent of Documents, U.S. Government Publishing Office (USGPO) except where noted.

The Astronomical Almanac (AsA) and *The Astronomical Almanac Online* (AsA Online) contain ephemerides of the Sun, Moon, planets and their natural satellites, as well as data on eclipses and other astronomical phenomena. The AsA is an annual volume while AsA Online is updated annually. The data are calculated cooperatively by the British and American offices. A full list of contributors is given on page vii of the AsA (UKHO GP100) and on AsA Online.

The Nautical Almanac contains ephemerides at an interval of one hour and auxiliary astronomical data for marine navigation. (UKHO NP314)

The Air Almanac contains ephemerides at an interval of ten minutes and auxiliary astronomical data for air navigation. This publication is now distributed solely on CD-ROM and is only available from USGPO.

Rapid Sight Reduction Tables for Navigation (AP 3270 / NP 303), 3 volumes, formerly entitled *Sight Reduction Tables for Air Navigation*. Volume 1, selected stars for epoch 2020·0, containing the altitude to $1'$ and true azimuth to $1°$ for the seven stars most suitable for navigation, for all latitudes and hour angles of Aries.

Other publications of HM Nautical Almanac Office (UKHO)

The Star Almanac for Land Surveyors (NP 321) contains the Greenwich hour angle of Aries and the position of the Sun, tabulated for every six hours, and represented by monthly polynomial coefficients. Positions of all stars brighter than magnitude 4·0 are tabulated monthly to a precision of 0^s1 in right ascension and $1''$ in declination. A CD-ROM is included which contains the electronic edition plus coefficients, in ASCII format, representing the data.

NavPac and Compact Data for 2016–2020 (DP 330) contains software, algorithms and data, which are mainly in the form of polynomial coefficients, for calculating the positions of the Sun, Moon, navigational planets and bright stars. It enables navigators to compute their position at sea from sextant observations using Windows OS XP/Vista/7/8/10 for the period 1986–2020. The tabular data are also supplied as ASCII files on the CD-ROM. Upgrades and updates are available from https://astro.ukho.gov.uk/nao/navpacfour/.

Planetary and Lunar Coordinates, 2001–2020 provides low-precision astronomical data and phenomena for use well in advance of the annual ephemerides. It contains heliocentric, geocentric, spherical and rectangular coordinates of the Sun, Moon and planets, eclipse maps and auxiliary data. All the tabular ephemerides are supplied solely on CD-ROM as ASCII and Adobe's portable document format files. The full printed edition is published in the United States by Willmann-Bell Inc, PO Box 35025, Richmond VA 23235, USA.

Rapid Sight Reduction Tables for Navigation (AP 3270 / NP 303), 3 volumes, formerly entitled *Sight Reduction Tables for Air Navigation*. Volumes 2 and 3 contain altitudes to $1'$ and azimuths to $1°$ for integral degrees of declination from N 29° to S 29°, for relevant latitudes and all hour angles at which the zenith distance is less than 95° providing for sights of the Sun, Moon and planets.

The UK Air Almanac (AP1602) contains data useful in the planning of activities where the level of illumination is important, particularly aircraft movements, and is produced to the general requirements of the Royal Air Force. It may be downloaded from the website https://astro.ukho.gov.uk/nao/publicat/ukaa.html.

NAO Technical Notes are issued irregularly to disseminate astronomical data concerning ephemerides or astronomical phenomena.

Other publications of the United States Naval Observatory

Astronomical Papers of the American Ephemeris[†] are issued irregularly and contain reports of research in celestial mechanics with particular relevance to ephemerides.

U.S. Naval Observatory Circulars[†] are issued irregularly to disseminate astronomical data concerning ephemerides or astronomical phenomena.

U.S. Naval Observatory Circular No. 179, The IAU Resolutions on Astronomical Reference Systems, Time Scales, and Earth Rotation Models explains resolutions and their effects on the data (see Web Links).

Explanatory Supplement to The Astronomical Almanac, (3rd edition). This book is an authoritative source on the basis and derivation of information contained in *The Astronomical Almanac*. It contains material that is relevant to positional and dynamical astronomy and to chronology. The publication is a collaborative work with authors from the U.S. Naval Observatory, H.M. Nautical Almanac Office, the Jet Propulsion Laboratory, and others. It is published by, and available from University Science Books, Mill Valley, California, whose UK distributor is Macmillan Distribution.

MICA is an interactive astronomical almanac for professional applications. Software for both PC systems with Intel processors and Apple Macintosh computers is provided on a single CD-ROM. *MICA* allows a user to compute, to full precision, much of the tabular data contained in *The Astronomical Almanac*, as well as data for specific times and locations. All calculations are made in real time and data are not interpolated from tables. MICA is a product of the U.S. Naval Observatory; it is published by and available from Willmann-Bell Inc. The latest version covers the interval 1800-2050.

† Many of these publications are available from the Nautical Almanac Office, U.S. Naval Observatory, Washington, DC 20392-5420, see Web Links on the next page for availability.

Publications of other countries

Apparent Places of Fundamental Stars is prepared by the Astronomisches Rechen-Institut, Zentrum für Astronomie der Universität Heidelberg (https://zah.uni-heidelberg.de/institutes/ari). The printed version of APFS gives the data for a few fundamental stars only, together with the explanation and examples. The apparent places of stars using the FK6 or Hipparcos catalogues are provided by the on-line database ARIAPFS (https://wwwadd.zah.uni-heidelberg.de/databanken/ariapfs/index.pnp.en). The printed booklet also contains the so-called '10-Day-Stars' and the 'Circumpolar Stars' and is available from dpunkt.verlag GmbH, Wieblinger Weg 17, 69123 Heidelberg, Germany.

Ephemerides of Minor Planets is prepared annually by the Institute of Applied Astronomy (https://iaaras.ru/en/about/issues/emp/). Included in this volume are elements, opposition dates and opposition ephemerides of all numbered minor planets. This volume is available from the Institute of Applied Astronomy, Naberezhnaya Kutuzova 10, St. Petersburg, 191187 Russia and can be downloaded from https://iaaras.ru/html/emp2020/emp2020.html.

Electronic Publications

The Astronomical Almanac Online: The companion publication of *The Astronomical Almanac*, providing data best presented in machine-readable form. It typically does not duplicate the data from the book. It does, in some cases, provide additional information or greater precision than the printed data. Examples of data found on *The Astronomical Almanac Online* are searchable databases, eclipse and occultation maps, errata found in the printed publication, and a searchable glossary. It is available at

https://asa.usno.navy.mil — WWW — **https://asa.hmnao.com**

Please refer to the relevant World Wide Web address for further details about the publications and services provided by the following organisations.

U.S. Naval Observatory

- U.S. Naval Observatory portal at https://www.usno.navy.mil/USNO
- USNO Astronomical Applications Department portal at https://aa.usno.navy.mil/
- USNO Data Services at https://aa.usno.navy.mil/data/
- NOVAS astrometry software at https://aa.usno.navy.mil/software/novas/
- *USNO Circular 179* at https://aa.usno.navy.mil/publications/docs/Circular_179.php
- *The Astronomical Almanac Online*—WWW— at https://asa.usno.navy.mil

H.M. Nautical Almanac Office

- General information at https://astro.ukho.gov.uk or http://www.gov.uk/HMNAO
- *The Astronomical Almanac Online*—WWW— at https://asa.hmnao.com/
- Eclipses Online at https://astro.ukho.gov.uk/eclipse/
- Online data services at https://astro.ukho.gov.uk/websurf2/
- Crescent MoonWatch at https://astro.ukho.gov.uk/moonwatch/

International Astronomical Organizations

- IAU: International Astronomical Union at https://www.iau.org
- IERS: International Earth Rotation and Reference Systems Service at https://www.iers.org
- SOFA: IAU Standards of Fundamental Astronomy at https://www.iausofa.org
- NSFA: IAU Working Group on Numerical Standards at https://maia.usno.navy.mil/NSFA/
- CDS: Centre de Données astronomiques de Strasbourg at https://cdsweb.u-strasbg.fr

Publishers and Suppliers

- The UK Hydrographic Office (UKHO) at https://www.gov.uk/UKHO
- U.S. Government Printing Office (USGPO) at https://bookstore.gpo.gov
- University Science Books at https://www.uscibooks.com
- Willmann-Bell at https://www.willbell.com
- Macmillan Distribution at https://www.palgrave.com